CB069110

SOM do VINIL

UM PROGRAMA   **REALIZAÇÃO**   **PRODUÇÃO**

APOIO CULTURAL   **PATROCÍNIO**

SOMANDO FORÇAS

SECRETARIA DE CULTURA   LEI ESTADUAL DE INCENTIVO À CULTURA

ENTREVISTAS A CHARLES GAVIN

ACADEMIA DE DANÇAS 1974

EGBERTO GISMONTI

SOM do VINIL

A IDEIA JÁ EXISTIA MAS SÓ COMEÇOU A GANHAR FORMA a partir de um encontro com Geneton Moraes Neto numa esquina do Baixo Leblon, sábado de manhã. A certa altura do bate papo eu disse ao jornalista (e amigo) que há muito tempo vinha pensando em montar um banco de dados na internet, onde seria possível compartilhar o conteúdo das entrevistas de O Som do Vinil, algo que muita gente sempre me cobrou.

Desde que começou a ser produzido, em 2007, o acervo foi ganhando valor inestimável, fruto da generosa colaboração dos convidados que revelam histórias sobre suas canções, seus discos e suas carreiras, recompondo nossa história capítulo a capítulo.

Indo mais longe, afirmei: "nesses tempos em que o espaço na mídia televisiva está se tornando cada vez mais escasso para as vertentes da música brasileira, iniciativas como essa acabam se transformando em estratégicos abrigos de proteção à nossa diversidade cultural, expressa através das artes. N'O Som do Vinil, quem conta a história da música brasileira é quem a fez — e a faz".

Geneton ouviu tudo com atenção, concordou e aconselhou: "você tem que colocar isso em livro também. Pense que, daqui há décadas ou séculos, os livros ainda estarão presentes. Eles sobreviverão, seja qual for a mídia utilizada. Tenha certeza: colocou em livro, está eternizado, é pra sempre".

Cá estamos. A ideia se materializou e o projeto que disponibiliza sem cortes, na íntegra, algumas das centenas de entrevistas que fiz neste anos de O Som do Vinil está em suas mãos. Agradeço ao mestre e também a todos que, de alguma forma, ajudaram.

Aproveite. Compartilhe.

Charles Gavin

SOM do VINIL

Um programa do Canal Brasil

Concepção
André Saddy, Charles Gavin, Darcy Burger e Paulo Mendonça

[Temporadas 2007, 2008, 2009 e 2010]
Apresentação, direção e pesquisa Charles Gavin
Direção Darcy Burger
Assistentes de direção Juliana Schmitz, Helena Machado, Barbara Lito, Rebecca Ramos
Editores Mariana Katona, Raphael Fontenelle, Tauana Carlier e Pablo Nery
Pesquisa e pauta Tarik de Souza
Coordenação de produção Crica Bressan e Guilherme Lajes
Produção executiva André Braga
Produção Bravo Produções

[Temporadas 2011, 2012 e 2013]
Apresentação, direção e pesquisa Charles Gavin
Direção Gabriela Gastal
Assistentes de direção Maitê Gurzoni, Liza Scavone, Henrique Landulfo
Editores Tauana Carlier, Thiago Arruda, Raphael Fontenelle, Rita Carvana
Pesquisa e pauta Tarik de Souza
Coordenação de produção Henrique Landulfo
Produção executiva Gabriela Figueiredo
Produção Samba Filmes

Equipe Canal Brasil
Direção geral Paulo Mendonça
Gerente de marketing e projetos André Saddy
Gerente de produção Carlos Wanderley
Gerente de programação e aquisição Alexandre Cunha
Gerente financeiro Luiz Bertolo

No sulco do vinil

QUE O BRASIL NÃO TEM MEMÓRIA É UMA TRISTE CONSTATAÇÃO. Maltratamos nosso passado como malhamos Judas num sábado de Aleluia, relegando-o ao esquecimento empoeirado do tempo. Vivemos do aqui e agora como se o mundo tivesse nascido há 10 minutos, na louca barbárie do imediatismo. Esse ritmo frenético de excessos atropela não só reflexões um pouco menos rasteiras, como não nos permite sequer imaginar revisitar aquilo que de alguma forma nos fez ser o que somos hoje. Como se o conhecimento, qualquer seja ele, fosse tão dispensável quanto aquilo que desconhecemos.

Esse esboço de pensamento não deve ser confundido com conservadorismo ou nostalgia, mas como fruto da convicção de que preservar e, talvez, entender o que foi vivido nos permite transgredir modismos e a urgência de necessidades que nos fazem acreditar serem nossas. Essas divagações estiveram na gênese do Canal Brasil, inicialmente concebido como uma janela do cinema brasileiro no meio da televisão e, posteriormente, transformado numa verdadeira trincheira da cultura nacional em todas as suas vertentes.

A música, por sua vez, chegou sorrateira, se impondo soberana como artigo de primeira necessidade, muito naturalmente para um canal chamado Brasil.

Começamos a produzir programas musicais e shows e a buscar, como havíamos feito com o cinema, uma forma que nos permitisse fazer o resgate do nosso extraordinário passado musical.

Recorrentemente falávamos do *Classic Albums* da BBC, pensamento logo descartado pela ausência de registros filmados de nossas clássicas gravações. Mas, como um fruto maduro, esse tema estava não só em nossas cabeças como também em outros corações.

E foi assim que Darcy Burger nos propôs, a mim e a Andre Saddy, em uma reunião realizada em meados de 2006, a produção de um programa que viesse a ser o *Álbuns Clássicos Brasileiros*.

Diante da constatação da impossibilidade de se reproduzir o modelo inglês do programa, evoluímos para a hipótese de se criar um formato brasileiro, contextualizado por circunstancias históricas e políticas e depoimentos artistas, músicos e técnicos envolvidos na feitura dos discos, de modo a viabilizar a elaboração de mais que um programa. Um documentário sobre a produção de cada álbum selecionado. Restava saber quem teria credibilidade suficiente para a condução do programa. E essa foi a mais fácil e unânime das escolhas: Charles Gavin.

Charles, além sua historia bem sucedida de baterista dos Titãs, realizava também um trabalho abnegado de resgate de uma infinidade de álbuns clássicos da musica brasileira. Ou seja, assim como Canal Brasil vem procurando fazer pelo cinema, Charles vinha, solitariamente, fazendo o mesmo em defesa da memória da musica brasileira — o que era, desde sempre, um motivo de respeito e admiração de todos. A sua adesão ao projeto, bem como o respaldo propiciado pela luxuosa participação de Tarik de Souza na elaboração de pautas, deram a ele não só um formato definitivo, mas principalmente, o embasamento técnico e conceitual exigido pelo programa.

Nascia assim, em julho de 2007, no Canal Brasil, *O Som do Vinil*.

O acervo de entrevistas desde então registradas para elaboração dos programas em diversas temporadas é mais que um patrimônio, se constitui hoje num verdadeiro tesouro para todos aqueles que de alguma forma queiram revisitar uma parte já significativa da história da música brasileira. ◐

Paulo Mendonça

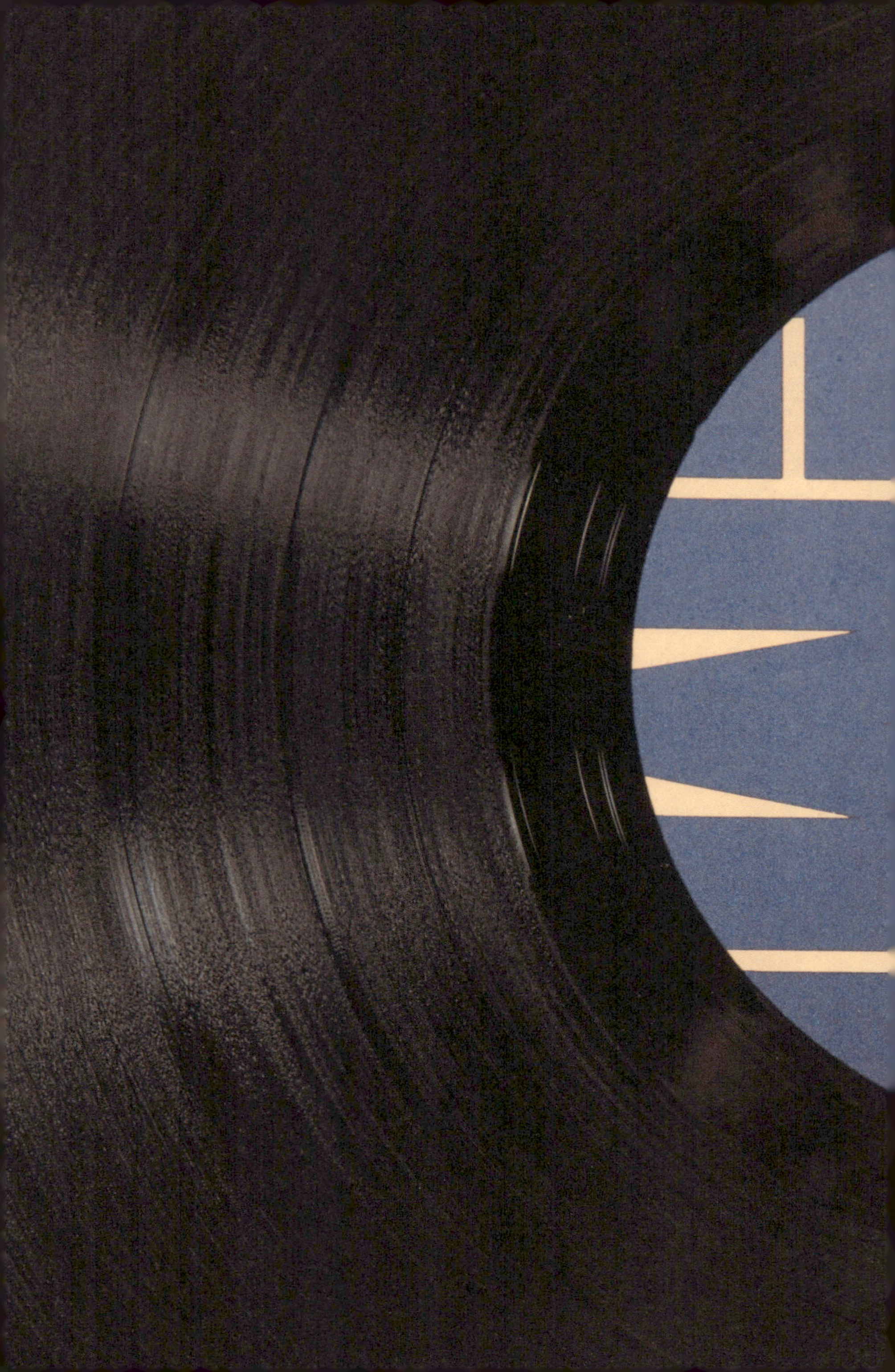

Lado 1
ESTEREO

EMI

ACADEMIA DE DANÇAS
EGBERTO GISMONTI

CORAÇÕES FUTURISTAS

1 - PALACIO DAS PINTURAS
   (Egberto Gismonti) 4:39
2 - JARDIM DE PRAZERES
   (Egberto Gismonti-Geraldo Carneiro) 4:51
3 - CELEBRAÇÃO DE NÚPCIAS
   (Egberto Gismonti) 4:24
4 - A PORTA ENCANTADA
   (Egberto Gismonti) 2:36
5 - SCHEHERAZADE (Egberto Gismonti-Geraldo Carneiro) 2:00

SBRXLD-12.699
XEMCB-7008

℗ 1974 - ODEON - BRASIL

Indústrias Elétricas e Musicais Fábrica Odeon S. A., R. Odeon, 150 - São Bernardo do Campo - São Paulo - Brasil - C. G. C. N.º 33.249.640/4 - S. C. D. P. - P. F. 002/G. B. - Todos os direitos do produtor fonográfico e do proprietário da obra gravada são reservados. A reprodução, a execução pública e rádiodifusão deste disco estão proibidas.
Indústria Brasileira

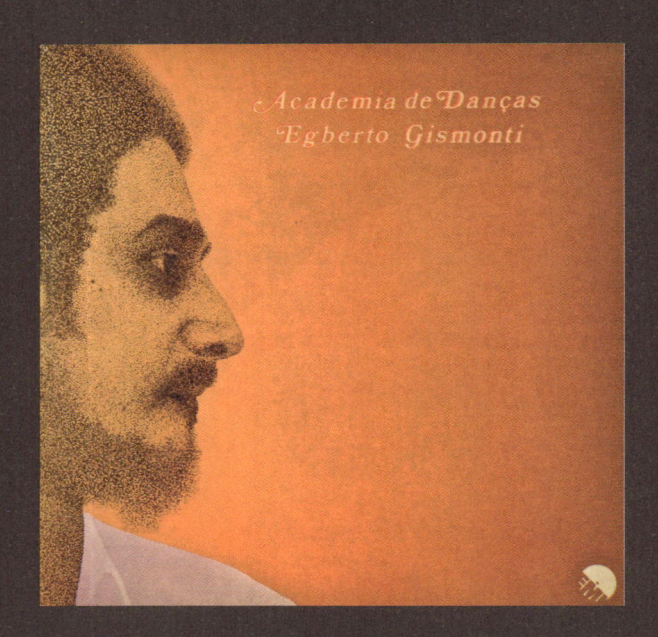

Academia de Danças
Egberto Gismonti

Academia de danças
EMI Odeon, 1974

Direção de produção Milton Miranda
Direção musical Lindolfo Gaya
Produção Executiva Geraldinho Carneiro
Arranjos Egberto Gismonti
Regência Mario Tavares
Gravação Toninho
Design da capa Lula Lindberg

Música Egberto Gismonti
Letras Geraldinho Carneiro

MÚSICOS
Egberto Gismonti Piano acústico, piano elétrico, órgão, sintetizadores, violão, flauta indígena, apitos e voz
Luiz Alves Baixo
Robertinho Silva Bateria
Tenório Junior Piano elétrico em "Jardim dos prazeres"
Danilo Caymmi Flauta
Paulo Guimarães Flauta
Dulce Bressane Voz

Egberto Gismonti

Fala um pouquinho então, Egberto, você saiu do Brasil e foi estudar na França.
Foi no início dos anos 1970. Na realidade eu não fui estudar na França. Fui porque teve o Festival Internacional da Canção, FIC, no Maracanãzinho, que eu participei com uma música chamada "Sonho". Que premiação não ganhou nenhuma, mas ganhou reconhecimento e um monte de gente começou a gravar. Pessoas com quem na época eu tinha uma relação mais intensa: Henry Mancini, essas coisas assim. E aí acabou que nesse festival veio uma atriz, francesa, chamada Marie Laforêt, que eu nem sabia que cantava. Eu sabia que ela existia, porque era uma das atrizes do cinema francês que eu gostava muito. Tinha ela, tinha Brigitte Bardot, eu e todo mundo. E ela ficava no Rio e disse assim: "Eu queria muito que você fizesse uns arranjos pro meu disco. Mal sabendo ela a idade que eu tinha e o absoluto desconhecimento do *métier*. Que a primeira vez na vida que eu toquei profissionalmente foi no Maracanãzinho. Aliás, tem cada história que aconteceu por causa desse festival, que deixa pra lá, mas enfim.

Você tinha quantos anos?
Vinte e poucos anos. [*O festival foi em 1968, Egberto tinha 21 anos*]. O arranjo que eu fiz tinha lá uma nota, para as cordas, era orquestra no festival. E eu fazia arranjo, porque eu tinha estudado em conservatório, o que não era normal. Ninguém estudava naquela época. Então, eu fiz o arranjo pra orquestra e a primeira leitura, que a orquestra fez dentro do Maracanãzinho. Leitura de ensaio. Os músicos de orquestra, as cordas, ao invés de mexer com arco pra dar a nota, como era muito longa essa nota, porque não acabava nunca, eles começaram a mexer com o violino, assim, uma espinafração violenta. E aí isso deu uma confusão danada e o Radamés Gnatalli chegou e tomou conta da situação e deu uma bronca danada nos músicos e disse: "vocês não estão entendendo que essa nota tem uma relação com os acordes! Vocês não estão entendendo nada." E antes disso ele me perguntava assim: "quem que fez o arranjo?". Eu dizia assim: "Eu". Ele disse: "Não menino, você trouxe o arranjo. Quem que escreveu?" Eu dizia: "Eu que escrevi. Se você escreveu isso aqui, como?" Aí ele mostrava assim. "O que que é isso aqui?" "Isso aqui é um clarinete"... Isso é muito engraçado pra mim, porque na minha cabeça que morava em Friburgo, o que mais interessa é isso. Eu sou de uma família de músicos, então todo mundo lia música e escrevia música. Era comum na minha casa, porque eu aprendi música e escola, pedagogia normal, comecei com cinco, seis anos, tudo ao mesmo tempo. E por mania do meu pai a gente estudava francês, também. Então de forma que para alguém que morou numa cidade de interior, porque Friburgo era interior na época. De repente chega no Rio de Janeiro, seis meses depois está no Maracanãzinho e alguém pergunta quem fez o arranjo. É claro que fui eu que fiz o arranjo e o cara ficou surpreso. E esse cara é maluco. Quer dizer, bom, primeira surpresa.

Surpreendente mesmo.
A história toda é surpreendente. Bom, só sei o seguinte, que aí a música foi tocada, a Marie Laforêt não sabendo que eu tinha zero de experiência de tocar, de shows, não sei o que disse assim: "você não quer fazer uns arranjos pro meu disco?" Eu disse: "Claro". Aí fiz os arranjos. Os arranjos foram pelo correio. Passado não sei quanto tempo ela me escreve, telefona. Diz assim: "Você não quer vir gravar os arranjos aqui em Paris?" Eu digo: "Ótimo". Lá chegando ela disse: "você não quer formar um grupo aqui, pra tocar, não sei o quê, a gente faz o lançamento". Eu disse: "Também toco". Passado um ano e meio que eu estava nessa, fico não fico. Ganhei dinheiro como o diabo! Porque Marie Laforêt eu, do meu lado aqui, imaginava que fosse só a parceira, a companheira de Alan Delon, Jean Paul Belmondo nos filmes. Mas eu não sabia o que que isso significava internacionalmente. Ela muito conhecida, muito respeitada, ganhava dinheiro pra burro e pagava muito bem. Aí eu saio de Friburgo, passo pelo Rio, paro em Paris ganhando um salário impressionantemente grande, que eu não tinha nunca sonhado ganhar dinheiro desse jeito. E tocando Variété Française. E no meio disso, no primeiro mês entrou uma música minha, depois entraram duas, entraram três... Até que tive tempo pra procurar e achei professores e comecei a estudar música. Aí acabei me formando em outras coisas de música. Estudando com Nadia Boulanger, que tinha sido amiga do Stravinsky, do Debussy, não sei o que. Estudando com Jean Barraqué, que tinha sido amigo de Schoenberg, Anton Webern. E não é que eu tenha aprendido um monte de coisa. Até porque a cabeça tinha vinte e poucos anos. Mas eu fui informado de um monte de coisa. A coragem que eu tive, por causa da minha família, sobretudo do tio Edgar. O tio Edgar é o melhor exemplo que eu tenho na minha vida, como músico, profissional. O melhor exemplo

que eu tenho. O tio Edgar viveu na cidade que eu nasci, chamada Carmo, 1.800 habitantes na época. E tinha um princípio que era o seguinte: eu não vou sair do Carmo e vou ser músico profissional e vou ter minha família, meus filhos, meus netos, vou educar todo mundo. Todo mundo achou esse troço mais louco do mundo, não é? E aí ele começou a bater de porta em porta quando tinha dezoito, dezenove, vinte anos e perguntava: "Bom dia, qual o dia do seu aniversário?". O cara: "tal do tal". Caderninho e assim por diante. Quando a data se cumpria, ele batia na porta, o cara abria e ele tocava uma música qualquer na clarineta e dizia assim: esse é meu presente pra você. Passados alguns meses, a cidade o contratou como compositor oficial da cidade e ele viveu lá até o último dia. Depois dessa lição de coragem, de que tudo pode, eu voltei com essa informação. A informação de conservatório, a informação de ter dirigido um show da Marie Laforêt que viajou trinta países. E mais a informação de Nadia Boulanger, de Jean Barraqué, cheguei aqui, evidente, achando que tinha o Super Homem e eu. Claro só tínhamos nós dois, vivos, tínhamos nós dois. Bom, e aí fui morar em Teresópolis, coisa e tal. E pouco a pouco comecei a me dar conta que aquela informação tinha que servir pra outras coisas. Que eu não podia ser detentor de uma informação e chegar às conclusões que não fossem comparativas. Aí comecei a conhecer pessoas, como Geraldinho Carneiro... gente como o diabo. E fui entendendo que cada uma dessas pessoas tinha, não só conhecimento, mas sobretudo como eu, ideias que poderiam ou não se realizar. O tempo foi passando e uma delas me levou a de querer fazer discos, me levou pra Odeon. Fiz um disco na Odeon, que tinha uma árvore na capa tratando de questão de queimadas, não sei o que, tá ali. Com experiências de música dodecafônica, com confusão, com música de orquestra, não sei o quê. Depois fiz um disco dedicado pro meu avô, pai do tio

Edgar, que era um compositor genial, também, que tem um manequim na capa. Porque meu avô era alfaiate italiano, por isso é que tem um manequim. Em seguida a Odeon começou a entrar numa certa crise, na época, isto é, 1975, 1977 por aí, mas a renovação do meu contrato não tinha sido feita. Eles tinham feito um aditivo que era mais um disco. E eu senti pelas minhas contas, setenta e tal. Eu digo: "bom, se tem gente pra caramba aqui conhecida, como Edu Lobo, Francis Hime, Paulinho da Viola, e eles estão mandando embora, eu que não sou nada ainda, vou ser mandado embora é já! Não é nem depois de amanhã. Então eu vou fazer deste disco o meu sonho ideal. Que é o seguinte: eu vou aproveitar cada segundo do disco, eu não vou ter nem pausa no disco, vou fazer uma música só. E vou misturar alhos com bugalhos. Eu vou botar tudo que me ensinaram junto." Por isso tem eletrônica. A eletrônica é por conta do Herbie Hancock. Eu morei em Nova Iorque em 1975, 1976 para fazer o disco do Airto Moreira, *Identity*. E o Herbie Hancock topou participar do disco e a gente tocou muito junto. E eu ia pra garagem dele, que tinha um estúdio; trouxe essas coisas pra mim, pra casa, e estava tocando.

Foi na turnê desse disco que você participou com o Airto Moreira?
A turnê foi depois do disco ser lançado, um pouco para a frente. Você conhece esse disco? Exatamente, exatamente! É um disco curiosíssimo, que a gente saiu tocando e foi um momento complicado, porque era o momento que a Flora estava presa ainda e ao mesmo tempo ganhou o prêmio de cantora de jazz. Flora [Purim], a mulher dele. Bom, só sei que as coisas foram indo, foram indo e eu entre a cruz e a caldeirinha disse assim: "esse próximo disco da Odeon ou vai ou racha, porque neguinho não vai deixar eu gravar mais" Porque, verdade que

o primeiro foi meio ruim, o segundo foi meio ruim também, eu digo: "esse aqui vai ser péssimo. Mas que seja péssimo e eu tenha o disco em casa."Aí comecei a gravar o disco, escrever, pensar no disco, ensaiar e me dei conta de que o disco ia ter o conjunto: Robertinho [Silva], Luís Alves, Nivaldo [Ornellas] e tinha que ter sintetizadores, também. E aí entrou Tenório Junior, entrou não sei quem, todo mundo tocando. E tinha que ter orquestra, também. Mas como na época a Odeon trabalhava com pouquíssimos canais, na realidade a gente trabalhou com duas Max Studer de dois canais. Orquestra e conjunto sentaram a pua em dois canais, depois os solos saíram de uma máquina pra outra e foram acrescentados. E para isso tinha que ter um baita de um regente, daí chamei o Mário Tavares. Sempre cercado. Uma coisa que eu falo a vida inteira. Sempre a vida foi de uma benevolência extraordinária! Me deu amigos, pessoas que sempre sustentaram, empurraram, indicaram, sempre, sempre. Nunca escorregou o negócio por causa disso. Bom, aí a gente grava o disco, *Academia de danças*. O nome já foi um parto pra meter esse nome, porque a Odeon dizia: "mas tem dança?". Eu digo: "não". E aí: "Por que esse nome?" Eu digo: "Porque todos os grupos que eu conheço do Brasil estão começando a dançar o que eu faço. É uma homenagem e ao mesmo tempo academia de dança, nada mais passa do que um lugar que todo mundo se reúne pra se divertir. É isso aí, *Academia de danças*!". O disco ficou pronto, tem uma passagem que é definitiva na minha vida. Nessa época, as companhias de discos, a Odeon com certeza, reunia artistas, produtores, vendedores numa sala pra fazer audição do disco e fazer a primeira... interpretação. "Vamos fazer assado, cozido..." Todo mundo reunido lá, eu lá sentado, também. Completamente intimidado por aquela coisa. Porque era uma coisa onde se falava o português difícil. E aí lá pelas tantas o disco foi colocado na vitrola. E aí passa três minutos, cinco, oito, dez, vinte, eu não sei quanto que tem em cada lado, mas acabou o primeiro lado e não teve espaço nenhum, pausa. Aí vira-se o superintendente, que era inglês, esqueci o nome. Não me lembro o nome dele. Depois eu posso lembrar, mas agora não lembro. E diz assim: "esse disco é muito complicado, muito difícil e só vai ser lançado mesmo, porque custou caro demais". Eu ouvi isso com meus vinte e tantos anos de idade. Fiquei danado da vida, quis matar o cara, evidente, mas não dava pra isso. E aí fiquei assim, deu aquela coisa, ficou todo mundo muito perplexo, porque o cara mandou uma dessa. Eu acredito que ele soubesse que ali estava o artista do disco, mas esses caras, também... Bom, resumo da ópera: não ouvimos o segundo lado do disco, nem precisou, porque ele já tinha o veredicto... não viu, exatamente! Aí o disco vai e sai. E aí a vida é benevolente mais uma vez. Faz com que esse disco, difícil, complicado, que não tem faixas! Aí ele dizia assim: "não sei que música é esta! Isso não é música nenhuma!" Mal sabia ele ou eu também que este disco sairia no Brasil e seria o primeiro disco de ouro que eu ganharia dentro do Brasil. E que este disco influenciaria grupos como Titãs, que o senhor conhece mais do que ninguém, Paralamas do Sucesso. Herbert [Vianna] me falou mais de uma vez o seguinte: "quando a gente ia para seus shows no Parque Lage, com aquela parafernália e tocava esse disco, não sei o que, a gente passou a acreditar que música brasileira tivesse esse peso de rock!" Só sei que, além disso John MacLaughlin telefona e a gente faz uma turnê, por causa do disco *Apocalypse* dele. E aí desencadeia um negócio na minha vida, que é o seguinte: em relação a Odeon, então é mais fácil descrever. Quanto menos eles entenderem do que eu faço, melhor será pra eles e pra mim. E aí a minha vida continua no Odeon e continua e vai rolando, vai rolando, vai

Vira-se o superintendente, inglês, e diz assim: "esse disco é muito difícil e só vai ser lançado mesmo, porque custou caro demais". Eu ouvi isso com meus vinte e tantos anos de idade. E aí a vida é benevolente mais uma vez. Faz com que esse disco, difícil, complicado, que não tem faixas saísse e fosse o primeiro disco de ouro que eu ganharia dentro do Brasil.

rolando.

Sua conta é interessante. O que que você acha desse momento do mercado fonográfico brasileiro? Estava acontecendo esse fenômeno localizado que você já disse. Artistas muito importantes, Edu Lobo, Francis Hime... casting incrível. A única rival da Odeon nessa época era a Philips. Isso de alguns artistas serem compreendidos, dispensados, mas tinham vendas significativas, não eram blockbusters.... O que que você acha? Teve uma mudança de mentalidade?

Eu acho que têm duas coisas a serem consideradas. Primeira dela sé o seguinte: existia uma mentalidade que os músicos não aceitavam, mas que ocasionalmente eu passei a aceitar por causa do João Carlos Martins. Era o seguinte: um belo dia eu estou na sala do João Carlos Martins e chega o Agnaldo Timóteo, que evidentemente não bateu, entrou, porque ele era dono da Odeon. Entra e fala, fala, fala e eu fiquei olhando, olhando, olhando. Ele apresenta. "Claro, você conhece o Agnaldo. Agnaldo, esse aqui é o Gismonti". O Agnaldo vira-se pra mim e diz uma coisa genial, que é o primeiro ponto que eu estou abordando aqui pra te responder. Ele diz assim: "você sabia que você e todos esses outros aí: Ivan Lins, Milton Nascimento, vocês gravam por causa de mim, não? Porque eu é que sou o responsável por vocês". Eu não entendi na hora e semanas depois eu entendi que era ele que era o *sponsor*, o responsável pela existência do Odeon. Mas os artistas não eram avisados. O que gera o segundo ponto, que é o seguinte: por um lado a companhia Odeon na época tinha tão pouco apreço, respeito, reverência ao que ela tinha como tesouro, que era não só os artistas, mas sobretudo a discografia. Ela sequer tinha uma sala com desumidificador. Pra quem não sabe é um negócio que mantém a sala sequinha, pra não estragar as fitas. Eu estou falando isso, porque eu fui o cara que alertou o Beto Boaventura a comprar desumidificadores pra colocar dentro da Odeon. Eu falei: "Não é possível que vocês... Ainda existe 'Pelo telefone', do Donga?", "Ah, mais ou menos". Aí eu descobri que nem Elis Regina tinha. Fizeram cópia de disco, que não tinha fita. Os músicos, por sua vez, que nunca foram preparados, estou falando dos músicos em geral, evidente. Nunca foram preparados pra aceitar que um puxa o outro, que puxa o um. Que é assim que é...

Uma coisa leva à outra...
Desenvolvi um ponto de vista que vem até esses dias aí. Hoje em dia menos, com a geração mais nova, mas que ainda existe, que é um conceito, sabe como é? De achar culpados, até para o que não tem culpa. Sabe que é um negócio, assim, começaram a achar que estavam sendo mandados embora, porque a companhia era feita por ignorantes. Não era feita por ignorância, é que tem um momento na vida que você tem que determinar se você vai vender ou se você vai comprar. Pra você comprar e vender ao mesmo tempo, você tem que estar num estágio muito superior. Crises financeiras o Brasil teve uma atrás da outra. Ninguém informava aos artistas que a crise dizia respeito à gravadora, também. Então eu vejo que tinham dois problemas: um era a gravadora, que tinha seus ajudantes de estúdio, que viraram diretores da companhia três anos depois. Você provavelmente sabe do que eu estou falando. Bom, eu não tenho nada contra o sujeito que vai melhorando, melhorando. Agora, não dá pra pensar que o sujeito é ajudante do estúdio. E ajudante de estúdio na época era quem carregava o cafezinho. E três anos depois é o diretor da companhia. Quer dizer, não dá muito pra entender,

sobretudo falando de uma companhia como a Odeon, que é diferente de um selo, hoje em dia. O cara tem quinze artistas, mas ele não tem dinheiro pra produzir nem em estúdio, mesmo o estúdio sendo barato, hoje em dia. Quer dizer, os caras gravam não sei onde e trazem pra ele, dá um jeito de lançar. Na época produção significava produção de fato. Era uma coisa cara pra burro, difícil. Então a companhia não tinha preço nem por isso e os músicos não tinham nenhuma outra relação senão a de que estou sendo roubado, estão me roubando. E ninguém estudava nada, ninguém fazia nada. Eu acho que o Brasil daquela época criou uma série de grupos, sabe, diferentes. Eu frequentava um grupo, que independente de ser melhor ou pior, que não é, o caso não é esse. Mas o grupo que eu frequentava só pra localizar, consertava o mundo todas as noites no Diagonal até quatro e meia da manhã. Nós saíamos dali convencidos de que nós havíamos consertado o mundo. No dia seguinte acordava meio de ressaca, tomava uma cerveja, comia não sei o quê, tomava um banho e ia pro bar pra continuar consertando. Bom, isso aí tem um lado que eu acho extraordinário, que é você fantasiar a sua vida com soluções inexistentes. E das duas, uma: ou você se perde totalmente ou você descobre que uma delas pode servir. Outros grupos se formaram, são pessoas que acostumaram a chamar os bois só com aqueles sinais que fazem o pessoal da roça: "Uhhh!" Aí o boi vem. Até que teve um dia que chegou alguém e disse assim: "eu quero comprar aquele boi. Me dá o nome dele pra eu registrar." "Não tem nome". Estou falando do pessoal de música que pensou que tocar um instrumento fosse ser músico. Não descobriu que o século 20 terminou e que entrou o 21, você tem que tocar a vida. Não é tocar um instrumento. Você toca a sua vida ou então para e desiste disso aí e vai fazer outra coisa. E formou vários tipos de pessoas. Eu acho que o Brasil hoje tem uma... ou

Estou falando do pessoal de música que pensou que tocar um instrumento fosse ser músico. Não descobriu que o século 20 terminou e que entrou o 21, você tem que tocar a vida. Não é tocar um instrumento. Você toca a sua vida ou então para e desiste disso aí e vai fazer outra coisa.

melhor, o Brasil dos anos 1970 tinha uma relação extrema com questões que eram extremas, mas nunca bem sintonizado. Se a gente olha sob o aspecto político, por exemplo. Eu só vim a ficar mais consciente da questão que nós vivíamos quando um amigo meu, dois amigos, irmãos, Cleverson e Mário Prata, foram muito perseguidos. E mais tarde eu soube que um deles tinha sido fuzilado no meio daquelas correrias de faculdade, não sei o quê, corre pra lá, corre pra cá, morreu. O que na época era uma coisa muito violenta e coincide com o Roberto Farias, que me chama pra fazer a música do *Pra frente Brasil*, que é uma atitude corajosa pra burro por parte dele, porque ainda tinha o sistema militar, quando ele faz. Eu começo a fazer a música e o fato de conviver com a produção, com o grupo, com o não sei o quê e ver cenas, eu me dou conta de que... Nunca esquecerei de que eu passei 1971, 1972 na França. Então, tomo conhecimento de que o Brasil tinha um nó violentíssimo! Eu não entendia muito bem, porque até então eu não sabia o que era voto. Vinte e tantos anos e eu não sabia o que era voto. Porque votar, eu vim a votar quando os meus filhos, que têm vinte três anos, começaram a votar. Votar mesmo é um negócio muito recente pra todo mundo, quase. Então a gente tinha um buraco aí, eu acho, a gente fantasiava feito cão pra descobrir soluções pra problemas que a gente não conhecia profundamente. No meu caso isso se deu no quesito política, se deu no quesito exercício da profissão, se deu no quesito acústica, pra tratar melhor de estúdio, gravação, microfone, equipamento. Eu fui metendo a cabeça em tudo que os meus amigos eram competentes e fui aprendendo capa de disco, poesia, literatura. Terminou que uma série de coisas me serviram ou serviram pra qualificar não a minha vida profissional, nem o que eu faço, mas para valorizar o meu cotidiano, que eu sou muito tranquilo, não só, que profissionalmente teve um resultado e eu posso ficar tranquilo. Como sobretudo eu tenho um leque, sabe assim, me foi dado um leque de opções que eu mantenho vivo o leque ou as opções até hoje. Agora, a gente é fruto de uma época em que saber o que era, de verdade, era muito difícil pela falta de informação e a solução que uma turma pode dar, da qual eu participei e fui levado, foi se basear na imaginação que tinha. Pronto. É meio por aí.

Essa turma do Diagonal. Vocês, por que que esse pessoal conseguiu levar essas soluções à frente? O que que aconteceu no meio do caminho que se perdeu? Ou não foi possível fazer? O que aconteceu? ... Brasil como um todo...
Nós éramos todos muito falantes, gritantes, cheios de rompantes enquanto não tínhamos uma autoridade perto. Quando aparecia uma autoridade, 99% por cento de nós, e eu fazia parte desse negócio, ficávamos calados, a gente entrava em pânico. Eu me lembro quando na participação do tal festival da canção, os compositores encabeçados pelo Tom Jobim resolveram não participar, porque tinha uma questão lá... Que eu já nem me lembro qual era questão, mas enfim. Tinha um negócio assim, vamos fazer greve, não vamos participar. O DOPS foi à casa de cada um de nós para nos levar e, quando me pegaram...Eu morava na rua Padre Leonel Franca, que é aquela rua onde hoje fizeram aquele túnel, que passa dentro do prédio ali na Gávea. Aquela rua, não tinha rua, tinha um mato ali e um canal. Eu morava ali. Quando foram me pegar, eu desci do prédio apavorado. Entro no carro tinha não sei quem, Tom Jobim e eu. Fui o terceiro, depois pegaram mais três. E eu olhava pro Tom. O Tom era a minha estaca. Eu digo, porra: está mais bambo do que eu... das pernas. No início todos nós tínhamos... eu acho que cada um de nós fez coisas que não batiam muito com o discurso que tínhamos. Por outro lado

se você pega pessoas assim como o [Fernando] Gabeira, que hoje continua atuando numa área ética, de respeito e não sei o quê. O Gabeira aqui como símbolo de uma geração que não só falou, gritou, mas atuou. Teca [Calazans] e Ricardo [Villas], que na época formava uma dupla, Teca e Ricardo, que eram perseguidos de todo jeito, trabalharam e continuam trabalhando na direção da sobrevivência, da independência, da liberdade. Nós, os que íamos na sombra da ideia que nos parecia ideal, fomos indo em direções que às vezes deram, uns deram mais certo, outros deram menos. Sabe que eu comparo muito essa geração da gente. Não estou falando qualitativamente, mas digo o comportamento no mundo de certa forma era um pouco inconsequente. Porque se você pegasse, vamos lá: John Lennon e Paul McCartney. Se você pensar que essa gente criou, se não um grupo, um dos mais importantes que já existiu sobre a face da Terra e que mais influenciou o resto do mundo, é meio inadmissível pensar que a obra inteira dessa gente pode ser comprada por Michael Jackson, porque eles não tinham noção do que que era direito autoral. Tom Jobim que tem dez, doze músicas que o tornaram três vezes, ou seja, em três anos o compositor que mais direito autoral, teoricamente, gerou no mundo. Até ele dizia assim: "e um desses anos eu estava competindo com o *Thriller*". Que eu acho genial, esse troço. O Tom falava isso. O Tom Jobim não é o editor dessas dez, doze músicas, pertencem a outras pessoas. Ou seja, a gente nunca faz tudo que deveria, porque está fazendo. Hoje em dia, por exemplo, eu acho inadmissível que o músico que tenha de trinta anos pra cima, trinta e tal, não tenha percebido que ele tem que tocar a vida, porque o século é 21. Então esse erro ele não pode cometer. Acho que na nossa época nós sabíamos que música era pra tocar junto. Tanto que os músicos dessa geração que tem hoje 40 e tal, 50, é a turma que toca. Toca no sentido de pegar um instrumento e produzir a audição de alguma coisa que tem princípio, meio e fim. Eu não sou contra a montagem, a chamada música *pop* que se faz no mundo, que manda pedaço com pedaço, os *samplers*, os DJs, o diabo que seja. Eu não sou nada contra isso, não, até porque quem escreve partitura, escreve pouco a pouco. Isso, depois aquilo, depois aquilo e depois aquilo, não tem muita diferença. Agora, eu estava contando não sei pra quem esses dias que com toda essa tecnologia que existe hoje, eu que sempre procuro dar função a minha vida, acho que o legado mais importante que eu posso dar de cinco, dez anos pra cá, não é gravar mais discos. Sessenta e tantos discos já chega. Mas é deixar discos gravados em dois canais, tocando do início ao fim a apresentação sem parar, ponto. E sem emenda, sem... ah, mas por que que não tirou aquela nota errada? Porque aquela nota errada fez parte do negócio, tá entendendo? Fiz um legado que eu posso deixar. É gravar em dois canais. Não é que dois canais seja melhor pra todo mundo, não, mas pra mim é. Essa liberdade vem lá do Diagonal até as quatro horas da manhã. Eu acho que a vida é meio assim, quer dizer, vai fazendo. Certamente você sabe quem é João do Pife, da banda de Pife de Caruaru. Eu tenho mania, mania não, necessidade de entrevistar longamente e gravar todas as pessoas que me despertam uma curiosidade sensitiva, sensorial, filosófica e o João do Pife é detentor de uma frase que me fez persegui-lo, achá-lo e entrevistá-lo durante horas. Eu ouvia João do Pife dizer assim: "eu acordo de manhã, vou não sei aonde, corto o bambu pra fazer o pife, depois trago o bambu, faço o pife, faço o furo. Depois pego o bambu, que virou pife, toco o pife e depois o pife que eu estou tocando nego pode dançar, faz festa e depois eu vou pra feira e vendo o pife, e o pife... E é por isso que eu to tão pifado". E dava uma gargalhada. Eu digo, esse cara tem uma coisa para me dizer que eu preciso entender o que que é. E eu fui, encontrei com ele, eu sempre gravo essas coisas. Eu tenho umas vinte coisas dessas assim, gravadas. Um cara que diz "eu tô pifado" e começa a rir, tem aquela qualidade que teve o Baden [Powell] e Paulinho Pinheiro que escreveu sorrindo. "Quando eu morrer me enterrem na Lapinha"... Rindo, eu digo, poxa esse cara é de uma sabedoria extraordinária! Bom, e João do Pife me diz o seguinte: "Liberdade. São três coisas. A primeira é fazer o que tem que fazer. Segunda: liberdade você tem que ter mais do que uma opção, tem que ter duas, porque senão você não tem liberdade. E terceira: liberdade você não conquista, não, você ganha ou você dá". Esse cara me ensinou que a gente tem que fazer o que que tem que fazer, tem que ter mais coisas pra saber o que quer fazer e tem que esperar que a vida, no meu caso específico, como a música tornou-se minha amiga, esperar que ela me oriente, me norteie, me dê a direção. É isso.

Falando em liberdade, é um ponto interessante. Me parece que você é o primeiro artista no Brasil que chegou pra sua gravadora e disse, na dissolução do contrato, "eu vou ficar com as minhas masters". A gente pesquisou, eu já achava que era isso, o Tárik também confirmou, você é o primeiro artista brasileiro a negociar a comercialização das fitas. De onde veio essa consciência, porque é muito adiantado pra época...
Isso veio do meu avô Antônio, que era compositor. Meu avô Antônio fez cada valsa que, você nem imagina, uma está registrada em nome de outros. E eu nunca reagi a esse negócio, porque eu dizia pra minha mãe assim: "ô, mãe mas essa valsa aí, nós temos que fazer uma quizumba qualquer, ué, porque é evidente a gente tem até as partituras". Eu tenho as partituras. Aí a minha mãe dizia assim: "deixa de ser bobo, rapaz, não precisa fazer nada". Eu digo: "e por que não?" Ela disse assim: "a cidade

toda sabe que a valsa é dele". Que é um dado de gente do interior, um negócio maravilhoso. E eu não pude reagir a isso, porque isso é uma qualidade. Isso é uma qualidade. Pra não ficar muito abstrata a coisa é o seguinte: Carlos Drummond de Andrade disse a seguinte frase: "nós do interior levamos uma vantagem sobre os da metrópole porque a gente não conhece o anonimato". Isso é uma maravilha. Estou dizendo que eu não pude discutir com a minha mãe porque ela tinha razão. Mas fiquei com essa pulga atrás da orelha me aporrinhando a vida inteira. E quando o negócio da Odeon começou a vai-não-vai, quem sabe, talvez, não sei o que e coisa.... Que levaram, passaram-se aí três ou quatro anos até terminar o meu negócio com a Odeon, que era uma relação muito bem costurada. E não foi por mim, não, aliás tem um dado que você não sabe. O advogado que administrou todos os meus contratos com a Odeon, João Carlos Éboli, a vida inteira foi o advogado da Odeon, também. Isso é um dado que também não acontece muito. O advogado representar a companhia e o artista ao mesmo tempo. Ou seja, o contrato era muito bem costurado, não podia se desfazer da noite pro dia. E o João Carlos Éboli foi bastante bacana quando me orientou e eu depois com ele, com o Pedrylvio Guimarães que era vivo na época, acabei estudando dois anos mais ou menos, dois anos e tal, direitos relacionados a essa matéria para me preparar pra ir a Londres conversar com o presidente da EMI. Fui quando ele marcou a data, quando aceitou. Fui e saí de lá achando que tinha sido boa a conversa. Três meses depois ele confirmou que tinha sido boa a conversa e fechamos um acordo. Foi de lá que teve que sair a ordem, daqui não podia resolver.

Não tinha autonomia...
Não, os fonogramas feitos no Brasil pertenciam, os meus e todos

que foram feitos, à Odeon, à EMI inglesa. Era assim, pelo menos. E a partir daquele momento em que o negócio foi fechado, a EMI recebe uma fração como produtora fonográfica de tudo que eles produziram. E a Carmo, que é a firma que eu tenho, recebe a fração de produtora executiva de lançamento em qualquer parte do mundo. Incluindo Brasil e América do Sul. Isso deu uma abertura danada. Foi bacana.

Isso é interessante, porque é bom falar aqui... o que eu sei é que poucos artistas brasileiros são donos de sua obra gravada, seu fonograma. Só pra citar, a título de passagem, o Prince foi um cara que levantou essa bandeira e não conseguiu resolver a questão com a Warner. Passou anos, com "escravo" escrito no rosto... hoje ele tem, enfim, um império, mas esses fonogramas ficaram, não conseguiu... Como é que você foi parar na Odeon?
Mariozinho Rocha. Eu tinha um sonho, fazer um disco que tivesse a participação do Milton Nascimento. Que eu conheci o Milton do festival, com "Travessia" etc. e depois fiz uma amizade, assim, que não era, digamos, muito intensa, mas era com o grupo todo que andava, o clã todo que andava pra lá e pra cá. E todos eles, desde Nelsinho Ângelo até Toninho Horta e Fernando Brant. Teve um negócio lá em Minas, uma grande homenagem, com placas e não sei das quantas e me foi pedido pra escrever sobre o assunto. Eu não tenho tanta intimidade com o Milton. Mas o meu desejo de poder convidar o Milton pra alguma coisa que eu viesse a fazer só seria viável se eu tivesse uma gravadora. E nada melhor do que estar na gravadora que ele estava. E o Mariozinho Rocha junto com o Gaya facilitaram a história. E nunca pude chamar o Milton, apesar de hoje eu ter um monte de fotos feitas pela Lizzie Bravo. Que aliás é uma figura ímpar.

Esses dias, por sinal, você sabe que a música que mandaram pro espaço, "Accross the Universe" ela está de backing vocal, né? Negócio dos Beatles. Eu tenho aqui em cima esse troço que ela me mandou, uma cópia disso há um tempo atrás. Aí a Lizzie, que fotografava todos os amigos e tal, incluindo o Milton e gravações do Milton e Toninho, Nivaldo, não sei o quê, eu acabei estando lá. Quer dizer, eu fui pra Odeon, porque eu tinha um desejo, um sonho. Fiz até show abrindo pro Milton na Sala Cecília Meirelles, que ele permitiu. Tocando com Paulo Moura... mas a ida pro Odeon foi por causa disso. Um desejo que eu tinha. Acabou que isso nunca aconteceu. Porque comecei a fazer outro tipo de coisa e ele outro tipo de coisa e acabou que eu fiquei muito mais próximo e sou muito próximo do Wagner Tiso, do Lô Borges, do Toninho Horta, não sei de quem, e o Milton mesmo, não. É engraçado, mas a Odeon é isso aí. Era uma gravadora engraçada, a Odeon, viu?

Casting incrível nesse ponto, não é, Egberto? Constelação.
Gente como o diabo! Um negócio... e eles davam uma liberdade que eu não sei se todos podiam pedir, de serem admitidos nas salas, assim, de corte... esses discos que eu fiz, por exemplo, que não tinham separação de música, tinham fisicamente a interfaixa. Que é aquela separaçãozinha. E como fazer? Não era o cara do corte, tinha quer ser eu ali pra na hora virar uma alavanquinha, que não era eletrônica, era tudo mecânico, manual. Fazia assim e a agulhinha. Quer dizer, a gente entrava. Fiz um disco branco, de cor branca, que me levou a São Paulo, à fábrica, para eles me mostrarem que não podia ser branco. E eu lá conversando com um dos funcionários, que disse assim: pois é, o maior trabalho que a gente tem é quando chega esse negócio do vinil. Olhou pra mim e disse assim: "você sabe que isso é PVC, igual a cano,

não é?" Eu disse: "Igual PVC?" Ele disse assim: "É branco, aí a gente bota essa tintura, essa coisa preta pra poder ficar preto". Aí chamei o pessoal do Odeon e disse assim: quantas máquinas é preciso pra produzir a quantidade que eu vendo? Ah, no mínimo umas duas ou três. Eu disse assim: manda lavar. Lavaram e foi uma desgraça pra Odeon, porque quando você lava... Lavar que eu digo é a parte que estava suja de preto. Eu tenho pra você que é um grande colecionador de coisas assim. Eu vou te dar um troço que é inédito. Que é um dos primeiros vinte ou trinta discos que saiu manchado. Parece um doberman, cheio de manchas pretas e brancas. Porque, na máquina, não tinham limpado ainda o troço.

Você ia até São Bernardo? A fábrica que fazia discos pra Warner?
Ah, então era isso. Aí quando o cara me falou que era cano, eu digo: se é cano e está pintado de preto, é só lavar. Pô, os caras ficaram com ódio, porque limparam a máquina e depois as máquinas ficaram sem uso durante dois, três meses. Eu vou te dar um desses, eu tenho.

Egberto, vamos falar um pouquinho da sua passagem pela França. Você fez o disco com a atriz francesa. O disco vendeu bem no mundo, foi bem...
Eu acho que, sim, viu? Eu acho que sim. Eu digo acho, porque ela me ensinou uma coisa que eu não sabia. Ela só permitiu que eu ganhasse direitos como compositor. Porque nessa altura eu já tinha conhecido o presidente da SUISA [sociedade arrecadora de direitos da Suíça]... e a Dulce conseguiu abrir uma editora, fez uma proposta ficção científica, mas que deu certo, dizendo assim: "ele está começando, mas com a Maria Leforêt gravando dez músicas dele, isso significa muito. Então ele quer ter uma

editora, não quer editar aqui". "Ah, não pode". Ela disse: "então eu vou pra outro lugar e vocês vão ter cem por cento de zero". O meu princípio de negociar com essa gente é assim. Cem por cento de zero ou um por cento de cem? Escolhe, quer dizer... Aí, como eu não negocio... meu pai era árabe... Meu pai nunca deu presente nenhum pra gente, os filhos. Meu pai dizia assim: "ah, você quer ganhar uma patinete? Quanto custa a patinete? Ah, custa tantos reais novos", cruzeiro velho, um dinheiro desses. Aí ele dizia assim pra minha mãe: "Ruth quanto é que está custando a faxina pra fazer aqui em casa?" Aí ela dizia: "tanto". "E pra lavar o carro?" Tanto. "E pra não sei o quê?" Tanto. Ele dizia assim: então, "duas faxinas, duas lavadas no carro, não sei o quê, paga o patinete. Tá aqui o dinheiro, pode fazer". A gente aprendeu a vida assim. Meu pai era coletor federal e vendia piano. Quando ele ia na casa dos clientes, me levava. Com oito, nove anos, eu tinha um ouvido muito bom. E cidade do interior, Friburgo. Não era bem interior, mas era cidade pequena. E todas as famílias compravam piano por causa do filho ou da filha. E todos eram pequenos. Meu pai chegava, mostrava, dizia: não, o piano é muito bom! Aí dizia pro dono ou pra dona da casa. Me chamava, porque eu ia junto. Ele dizia assim: "Betinho". Betinho, que ele me chamava. "Vai ali no corredor da casa". Aí dizia pra ela assim: "só toca aqui algumas notas". Depois dizia pra mim assim: "vem cá, Betinho, mostra que notas que ela tocou". Aí eu repetia as notas. Que maravilha! Ele dizia assim: "tem que ter um bom piano!" E por causa disso a gente saía dali meu pai me dizia, eu tinha oito, nove anos; ele disse assim: "você vai passar a ganhar", eu não me lembro quanto, "tantos por cento do líquido da vendagem do piano."

Eu tinha nove anos. Eu achei genial, não sabia o que era. Mas você vai ganhar não sei o quê, eu digo: "esse troço deve ser uma beleza, né?" e a partir disso eu comecei a ganhar dinheiro. Aí ele fazia as contas e me mostrava. Então, eu acabei aprendendo a fazer conta. E eu gosto de dinheiro, como eu gosto de música, como eu gosto dos meus filhos, como eu gosto de mato, gosto de conversar. Eu não tenho culpa nenhuma católica de nada.

Seu pai era de onde? Ou era filho?...
Beirute. Meu pai tem uma foto dele ali, ó, quando ele chegou. Molequinho ali, pequenininho, ó, em pé perto do meu avô e da minha avó. Está vendo ali?
Aquele que tem uma coisa redonda do lado direito. É ele pequenininho com dois, três anos, chegando.

Aqui é irmã?
É irmã mais velha, tia Iaiá.

Ele veio pequenininho...
Pequenininho. Aí, para casar com a minha mãe, que era italiana, ele virou brasileiro e minha mãe virou brasileira, também, porque as famílias não se beijavam de jeito nenhum. Claro, imagina, um machista árabe com uma mama italiana. Isso não podia dar certo.

Uma combinação boa.
Bonito, né?

Então, voltando à França. Essa da editora foi ótima, eu já sabia. Pra gente chegar aqui, você falou que foi informado. Você não aprendeu, foi exatamente lá pra aprender, mas foi informado da existência de alguns compositores, de alguma música. O que te apresentaram lá, que você foi aplicar quando você voltou pra cá? quais os compositores...

Na realidade, a coisa que foi mais importante foi ter aprendido, por exemplo, que música é um composto de coisas que você sabe muito bem. Eu estou repetindo aqui só pra ficar claro. A Marie Laforêt, por exemplo, musicalmente, me acrescentou coisa como o diabo, mas não no valor musical, e sim no valor da execução ou uso da música para chegar a emocionar pessoas, estimular pessoas. E me ensinou o que que era palco. A Marie Laforêt me falou no primeiro dia, assim: "só tem um lugar que não existe erro no mundo, é aqui, no palco". E eu aprendi que é isso mesmo. Tanto que se eu bobear em palco e orquestras quando eu estou tocando, que tem aqueles momentos, assim, quatro, cinco minutos que a orquestra toca sozinha, se eu bobear eu durmo, de tão relax que eu fico, que é o único lugar que não tem problema nenhum. Até porque, como compositor não tem mesmo, porque se alguém errar passa ser aquilo certo, pronto. O princípio é meio isso. Ela me ensinou isso. A madame [Nadia] Boulanger lá com quem eu acabei indo estudar me ensinou coisas absolutamente geniais. Como essa mulher conviveu com Stravinsky, Debussy, não sei mais quem. Foi um marco, assim, na história no início do século 20 na França. Essa mulher, a última frase que ela me disse é definitiva na minha vida. Ela disse assim: "agora, o senhor deve voltar pra sua casa, o seu país, porque senão o senhor vai virar um médio compositor europeu". Eu disse: "madame, peraí, não estou entendendo". Ela disse assim: "vá procurar a música do seu país, que ela está viva, aqui tá morta." Isso é uma lição, um negócio assim, que depois está confirmado, todo mundo já está vendo mesmo. Aqui é Europa, não é, quer dizer não é exatamente França. O que que me ensinou Jean Barraqué, que é o tal discípulo de Anton Webern, Arnold Schönberg, não sei o quê, me ensinou um troço que eu jamais imaginei existir, vou te dar um exemplo. Ele morava num lugar escuro, janelas fechadas, cortina pesada, tudo difícil, não falava quase, não olhava no olho nunca, era horroroso. Mas tinha um conceito de música, eu não entendia uma nota, um negócio complicadíssimo e tal. E um belo dia depois de umas duas, três semanas, eu vi que ele tinha uma parede, que tinha uma rosa de prata pendurada. Com um prego, tinha um prego e uma rosa pendurada na parede. Eu pensei: "uma rosa pendurada de prata? Não estou entendendo isso aí". E meio sem graça perguntei pra ele. Ele mal me cumprimentava, um negócio horroroso. Quando eu disse assim: o, Barraqué, é o seguinte... "Seu João, aquela rosa, qual é daquela rosa ali? Ele mudou de expressão, sorriu com uma cara de louco, absolutamente louco. Ele disse assim: roubei do túmulo do Beethoven." Ele roubou do túmulo do Beethoven. Eu disse: cacete, esse cara aqui com a cara mais séria que eu conheço no mundo. Quer dizer, dá pra ser assim, maluco, absolutamente louco, não é? E escrever essa música que ninguém toca, que é um troço insuportável. Que realmente é uma música, um horror, o resultado do troço é um horror. Mas que é evidente que serviu pra desenvolver. Sabe o negócio... o cara que pilota carro de fórmula um pra fazer teste, não? É um pouco o Jean Barraqué em relação à música. Para fazer com que os músicos, que são o motor da música, aprendam a tocar coisas que ninguém quer tocar. Sabe, porque precisa desse tipo assim, porque os músicos não evoluem só porque ficam em casa estudando, não! Porque ouvem alguém tocando um troço que parecia impossível e querem alcançar aquele negócio. Não é isso? O negócio é mais ou menos, sempre tem alguém que você diz assim: "poxa, esse cara sempre me orientou, sempre me norteou". Você não quer tocar igual a ele, você parte daquilo... e esses caras no caso de música, eu acho que são músicos que tocam as músicas dos compositores que só arranjaram encrenca. É só beira de barranco a música desse cara, pra tocar é um inferno. Mas eu aprendi muito com ele. Não durou

A Marie Laforêt, por exemplo, musicalmente, me acrescentou coisa como o diabo, mas não no valor musical, e sim no valor da execução ou uso da música para chegar a emocionar pessoas, estimular pessoas. E me ensinou o que que era palco. Me falou no primeiro dia, "só tem um lugar que não existe erro no mundo, é aqui, no palco". E eu aprendi que é isso mesmo.

muito, não: sete, oito meses depois acabou, também que aí eu já ficava, passava tão mal, ia para a casa dele e voltava arrasado. Aí quando começou a temporada que a Marie fazia no Bobino, uma espécie de Olympia do lado esquerdo do rio. Então quando ela começou a fazer o show, era todo dia. Nos dias que eu tinha aula com ele, acabava a primeira parte do show ou quando acabava o show Marie dizia assim: "o que que tá acontecendo com você? Você tá muito mal, está horrível, tocou péssimo, uma tristeza horrorosa! Isso aqui é música pra divertir. Não estou entendendo você". Até que eu liguei uma coisa com outra. Eu digo: "não, aqui é mais divertido, não vou voltar mais lá, não". Aí, também, mandei o Lima e... lá tá mal o negócio! Mas enfim...

Mas você já saiu daqui com uma... e já tinha Villa-Lobos...
Não, Villa-Lobos, não, Villa-Lobos eu vim aprender de fato depois que eu saí do Brasil. Villa-Lobos até hoje no Brasil não tem, zero. É muito pouco, é muito pouco!

Por quê?
Eu sei lá o porquê, rapaz! Eu tenho a impressão que é o seguinte: ninguém pode sentar com Raoni e Sapaim e perguntar sobre natureza, porque eles são a própria natureza. Não dá pra perguntar o que ele vai fazer pra preservar, não sei o quê. Ele faz isso teoricamente o tempo todo. Nós brasileiros temos como conveniência cotidiana à nossa existência a abundância. Aquele que tem o mínimo de informação sabe que nós somos hoje o único país existente sobre a face da terra que tem uma língua viva, que é estimulada por analfabetos, que são os repentistas. Que pra fazer a rima certa inventam a palavra que a academia aceita e vai pro dicionário do Antônio Houaiss e assim por diante. Eu acho que essa abundância faz com que a

gente desprestigie e desrespeite coisas que estão tão próximas, que amanhã de manhã eu vou lá e dou uma espiada pra ver, sabe, Villa-Lobos está ótimo e tal. São raras, eu acho as pessoas do Brasil... Experimenta, aliás não precisa que você está careca de fazer isso. Se você parar diante de uma plateia qualquer... Qualquer, não, vamos botar a exceção para o pessoal de Brasília. Tira que esse povo eu não consigo entender, se joga e que tipo de jogo e com que tipo de bola. Mas qualquer plateia, se você parar, falar não sei o quê e tiver uma oportunidade de fazer uma citação. Tá tocando uma música bacana, lenta, emocionada, faz uma citação de quatro palavras do Fernando Pessoa, fica todo mundo emocionadíssimo. Não é que conheçam o Fernando Pessoa e nem que as palavras façam sentido. Acho que a gente tem carências tão grandes, que qualquer meia palavra vale como um livro inteiro. Está entendendo o que eu estou falando? Eu me lembro que na época, voltando lá os anos 1970, não que eu soubesse exatamente o que que eu estava falando, mas eu subi muitas vezes em palcos quando eu ia pra faculdade e dizia assim: "plateia, universitários..." eu dizia assim: "vocês sabem o que que eu estou pensando!" Eles aplaudiam. Depois eu disse: "não, eu vou parar com isso, que isso é uma vergonha esse troço, porque eu não sei o que eu estou pensando, pô!" É um pouco isso. Então eu não conhecia o Villa-Lobos, eu conhecia a música europeia bem. E conhecia música brasileira, porque o meu pai me enfiava um monte de música brasileira e conhecia arias de óperas que a minha mãe cantava. Música brasileira, Villa-Lobos, não sei o quê, eu vim a conhecer depois. Eu conhecia, sim, Ernesto Nazareth, Pixinguinha... essas coisas todas eu conhecia.

Você conhecia bem, tocava...

Não, não, tocava bem, não, mas eu tocava um pouco. É claro que depois, quando eu fiz quatorze, quinze anos eu já tocava o suficiente. Já conhecia músicos suficientes pra ter, por exemplo, feito a cópia a partir do disco, dos discos do Baden pra começar a estudar violão. Porque não tinha professor em Friburgo eu achei que era só transpor o que eu sabia de piano pra violão. E foi o que eu fiz e acabou dando um violão que eu toco, que não tem cara de violão e influenciou no piano, também, que virou outra coisa. É tudo meio enrolado. Mas eu já tocava. Então, o Baden, por exemplo eu já tocava um repertório do Baden inteiro igual ao Baden. Tanto que isso nos aproximou e ficamos muito amigos. Eu tirava as músicas de ouvido. Eu tirava, escrevia e estudava. Eu estudava. Era a maneira, porque eu não tinha o parâmetro... Não, aquilo que eu te falei de que todo mundo lê música e todo mundo sabe tocar um instrumento era uma coisa tão normal e natural. A minha mãe é de uma família de onze. Eu cheguei a conhecer nove. Os outros morreram. As seis mulheres cantavam no coro, os outros quatro eram afinadíssimos, tocavam instrumentos. Não tem como você imaginar que existe outro tipo de gente no mundo. Só tem gente que toca, que canta ou que gosta de música. O resto não nasceu, ainda. Era assim que eu pensava.

Primeira do lado A, "Academia de Danças", lado B, "Corações Futuristas", por favor, explique.

Bom, eu sempre tive uma amizade definitiva, cúmplice e com todos os graus que o afeto existe com o Geraldinho Carneiro. Esse disco tem títulos que são versos, não é? Falando de Sherazade, não sei o quê, e o Geraldinho sempre foi o meu mentor, orientador literário e no que batia negócio de titulação, a gente discutia muito e o Geraldinho dizia assim: "esse disco tem que ter uma titulação que o ultrapasse a coisa tradicional, porque a

Academia de Danças você tem que dar um mote para cada faixa, porque não só ajuda a compreensão da música, mas vai ajudar a coreografia, vai ajudar não sei o quê" e a gente foi fazendo. Quando ele foi propondo, eu entrei numa que o disco tinha dois blocos de música. Um era o bloco chamado "Dança Academia", que eu achava que era quase um *jingle*, esse negócio bem dançável, bem não sei o quê. E o lado dois era um lado que depois virou um disco chamado *Corações futuristas* [EMI-Odeon, 1976], onde eu estava achando que a vida estava ficando muito complicada e comecei a ouvir falar que amigos, isso é 1970 e tal, mas já tinha amigos que por causa de cigarro, de droga, de alimento, de aborrecimento, tensão, falta de dinheiro. Teve um amigo meu que teve um enfarte, não sei quando. O outro foi internado, não sei o quê. Sabe quando você começa a olhar e descobre que você não é imortal? Tem uma hora na vida que até uns vinte anos você é imortal, depois você descobre que não é. E aí eu disse: "Geraldo, esse disco tem dois lados." O resumo da ópera é que eu não sei se foi ele, se fui eu ou se foi alguém que sugeriu, que um lado chamasse "Academia de Danças", como o próprio disco, e o outro por falar da tristeza que a gente estava prevendo, sentindo, não sei o que, que era futurista, mas como era tudo muito afetivo, era o coração futurista, "Corações Futuristas" é isso. Até que no ano seguinte, o "Corações Futuristas" aparece como um coração enfartado. De fato aquela foto, porque aí já não era só uma sensação, não. Eu fiquei morando nos Estados Unidos e fui algumas vezes, junto com Airto [Moreira], a Terminal Island, visitar a Flora [Purim]; e comecei a conhecer um lado, sabe, de pancadaria, sabe como é? Que rolava, de dor, de sofrimento, de discriminação, um negócio muito vivo e eu fui ficando, e ao mesmo tempo a solidariedade dos amigos do Jorge Duncan.

Ela foi preso por quê?
Olha, o que sempre foi contado é que descobriram com ela alguma coisa de droga, eu não sei exatamente o quê... Eu não sei, alguma coisa lá, isso aí eu nunca puxei... eu nunca puxei muito esse assunto não, porque a coisa já estava dolorida pra caramba e eu não queria também ficar botando lenha nessa fogueira. Mas aí esse disco, o *Corações futuristas*, é tudo muito, tudo carregado e se não bastasse o que o grupo tocava que era Luís Alves, Robertinho [Silva], não sei o quê. Quando chegamos aqui e entraram os sintetizadores e eu ainda botei uma orquestra em cima que deu a dimensão mais apocalíptica, como dizia o MacLaughlin: "mas isso é rock puro, mas ao mesmo tempo não é rock". Eu dizia: "olha, rock não é não porque eu não sei rock, como não?" "Você sabe jazz?" eu digo: "Jazz também, não, porque eu ia tocar com o Herbie Hancock, a gente tocava dois pianos, a gente riu para danar a primeira vez. Depois de meia hora tocando na garagem dele, quando terminou ele disse assim: "como estava meu samba?" Eu disse: "eu estava tocando jazz" e ele ria para burro. Ele disse, "rapaz não sabemos tocar nada né, só sabemos tocar o que nós tocamos mesmo, né?" E aí esse disco, esse *Academia de Danças*... Nessa altura, quando eu vou para os Estados Unidos, Airto, não sei o quê... E eu já sabia da história daquele comentário lá do superintendente, que disse, esse disco é horrível. Porque eu era monitorado pelo André Midani, não, André Midani é da Companhia [Phillips]. É que André Midani monitorou um outro disco lá, da década de 1970, o disco saiu enquanto eu morava na França, chamado *Sonho 70*. Ele mandava telex, não sei para quem, não sei quem da companhia e me levava em casa. Dizendo: "Estamos muito bem! O disco foi quase... Mas bom". Então foi meio assim. Agora esse disco tem esses títulos, como os outros discos vão tendo títulos, e como um pouco depois eram tantos

os títulos, tantos os textos e tantos amigos, que transborda e eu disse assim: "tenho que fazer um jornal", que era texto demais, já não caberia mas nem num disco com três encartes, tinha que ter um jornal.

Jornal Caipira.
Jornal Caipira!

Aqui tem arranjos bem complexos. Tem o lado popular que a gente identifica, tem as melodias que você identifica, saiu com o chorinho, samba... Essa aqui me sugere uma escala nordestina. E também tem uma forte influência de música erudita europeia aqui. Pelo menos para mim é como me soa. O que surge primeiro, você compõe e depois monta o arranjo, vem junto ou é naturalmente vai acontecendo ao mesmo tempo? Explica um pouco.
Nessa época as coisas estavam menos claras do que estão hoje, não é? Até por causa da repetição, de fazer, fazer, fazer, a e dá procura também. Eu entendo e concordo que você diga se nota uma coisa nordestina aqui, uma coisa popular ali, uma coisa mais europeia aqui, não sei quem, não sei o quê, mas na minha

educação musical tudo isso só não estava junto, porque tinha que ser cozido e colocado junto. Essas coisas deviam morar juntas, porque eu aprendi desde cedo que a música árabe e a música italiana faziam parte da cultura que eu vivia no Carmo. Então não dá muito para separar alhos de bugalhos, quer dizer, não dá. Quando minha mãe dizia: "viene qua tesoro mio!" Eu sabia que ia levar uma surra. Eu não sabia que ela estava falando em italiano que era a língua que ela tinha mais competência. Percebe, não dá muito para separar uma coisa da outra. Então, eu aqui nesse disco, como já tinha conseguido escrever coisas que me pareciam menos impessoais na escrita para a orquestra, porque isso é um instrumento que tem que aprender também, não é? Como qualquer outro. Algumas coisas eu escrevia direto, como por exemplo, eu vou chegar a esse disco, mas dois discos antes desse, o que tem a árvore na capa, tem uma música chamada "Dança das sombras", que aquilo não é composto e orquestrado, ou não é pensado e depois escrito. Aquilo é escrito como está soando, porque na época eu ouvia coisas de um minuto e meio, dois. Hoje em dia eu ouço coisas mais longas orquestradas inteiras. Nesse disco eu não tinha a audição em bloco, mas eu podia depois que desenvolvia a parte, digamos da cozinha, Robertinho, Luís Alves, Nivaldo e eu, e que o coro comia, a gente ajeitava... Porque uma coisa que é importante lembrar aqui, não só como homenagem, mas reconhecimento mesmo, é que se eu faço uma música que está durando, ela é proporcional ao número de amigos que sempre cooperaram para que ela tivesse a cara que tem, não é? Quer dizer não é à toa que amigos como Robertinho, Luís Alves, Nivaldo, Zeca Assumpção etc., são amigos desde sempre e continuam para sempre. Quer dizer, eles sabem da importância que tiveram na criação da música. Músico nenhum com quem eu tenha tocado apresentou serviço e não foi aceito como melhor em tudo que ele acrescentou de melhor na música que ele teve. Todos, todos, acrescentaram. Então quando a cozinha ficava armada e o Robertinho dizia: "melhor maneira de tocar isso é tocar no chão. Isso que você está propondo não, não fica confortável". Digo: "então mostra o que é confortável". Ai o cara vai e mostra e diz para você e é muito melhor. Então vamos lá, vamos tentar. Isso fazia com que eu também tivesse que me ajeitar. Quando a cozinha estava pronta, eu levava a gravação da cozinha para casa e pensava na orquestra. Chamava Robertinho... sobretudo Robertinho muito, e dizia assim: vou botar uma orquestra fazendo assim. Aí estava o gravador tocando, não sei o quê, e eu cantava a coisa da orquestra. A maioria das vezes ele dizia, "genial!", outras vezes, eles, Zé Eduardo, por exemplo, várias vezes disse assim, "não bota isso não". Eu digo, "por quê?" Ele diz assim: "não, porque isso aí está indo contra o que eu estou fazendo, olha o que eu estou fazendo aqui. Isso até cabe junto, porque tudo cabe, mas isso aí vai atrapalhar o troço que eu estou fazendo". Aí eu tirava. Esse disco é a primeira grande lição de cooperação, a Academia aí funciona. Porque você vê que esse disco quando abre a capa tem a cara de todo mundo, que vai dos músicos, ao regente, ao fotógrafo, ao layoutista, ao pintor, ao... Luís Alves, Robertinho Silva, Tenório Junior, Cláudio, flautista, Toninho, técnico de som, Dulce primeira companheira e eterna amiga, Mário Tavares, Danilo Caymmi, Peter Dauelsberg, Lula, o layoutista, Geraldinho Carneiro e eu.

Identifica o que eles fizeram, por favor. Uma espécie de ficha técnica.
A ficha técnica é a seguinte: O Mário Tavares, se não fosse ele a orquestra não teria tido a função que teve dentro desse disco, porque não só ele é um regente danado de bom, mas era

um conhecedor de música brasileira e de orquestração. Então ele ajudou e consertou tudo que de errado estava, não como pensamento musical, mas como escrita musical. Tenório Junior, que se foi naquela história que alguns conhecem, que sumiu não sei onde etc [*Foi "desaparecido" pela ditadura argentina*], era um pianista que eu sempre gostava demais e foi a primeira vez na vida que eu toquei num disco, sobretudo meu, com um segundo pianista tocando. E, às vezes ele toca O piano, eu deixei de tocar porque ele tocava bem para burro. É alguém que sempre me ajudou muito. O Robertinho é tudo de melhor que alguém pode ter na alma, não é nem na cintura, sabe o chaveiro? O Robertinho é o chaveiro da alma. Se você não tiver um Robertinho por perto você está lascado. E como Luís Alves, baixista e Robertinho formavam uma dupla que ninguém sabia identificar quem era um e quem era o outro, irmãos gêmeos, um branco, outro preto, gêmeos iguaizinhos. Onde ia o Robertinho tocando, ia o Luís empurrando ou vice-versa. Eu nunca vi ninguém tocar tão junto feito esses dois. Eu que tive que fazer um esforço desgraçado para estar junto deles, que o Robertinho dizia assim: "ah, negócio de pianista são todos mais ou menos". Eu dizia: "mas você acha que eu também sou mais ou menos?" "Não mas é que como eu acostumei a tocar com o Luís vai seguir a gente"... a conversa era assim. O Cláudio, que está aqui representando todo o grupo de sopros, onde Danilo também faz parte, que tinha gente como o diabo de sopro lá, Danilo Caymmi, Claudio flautista e tal. O Peter Dauelsberg está representando a parte de cordas, que ele era uma espécie de arregimentador e o chefe do grupo de violoncelos. Nosso amigo layoutista, Geraldinho Carneiro, já falado, pensador. Tuninho, técnico de som, que inventou que a melhor coisa a fazer para separar o som da orquestra do conjunto era colocar os batedores que ele não

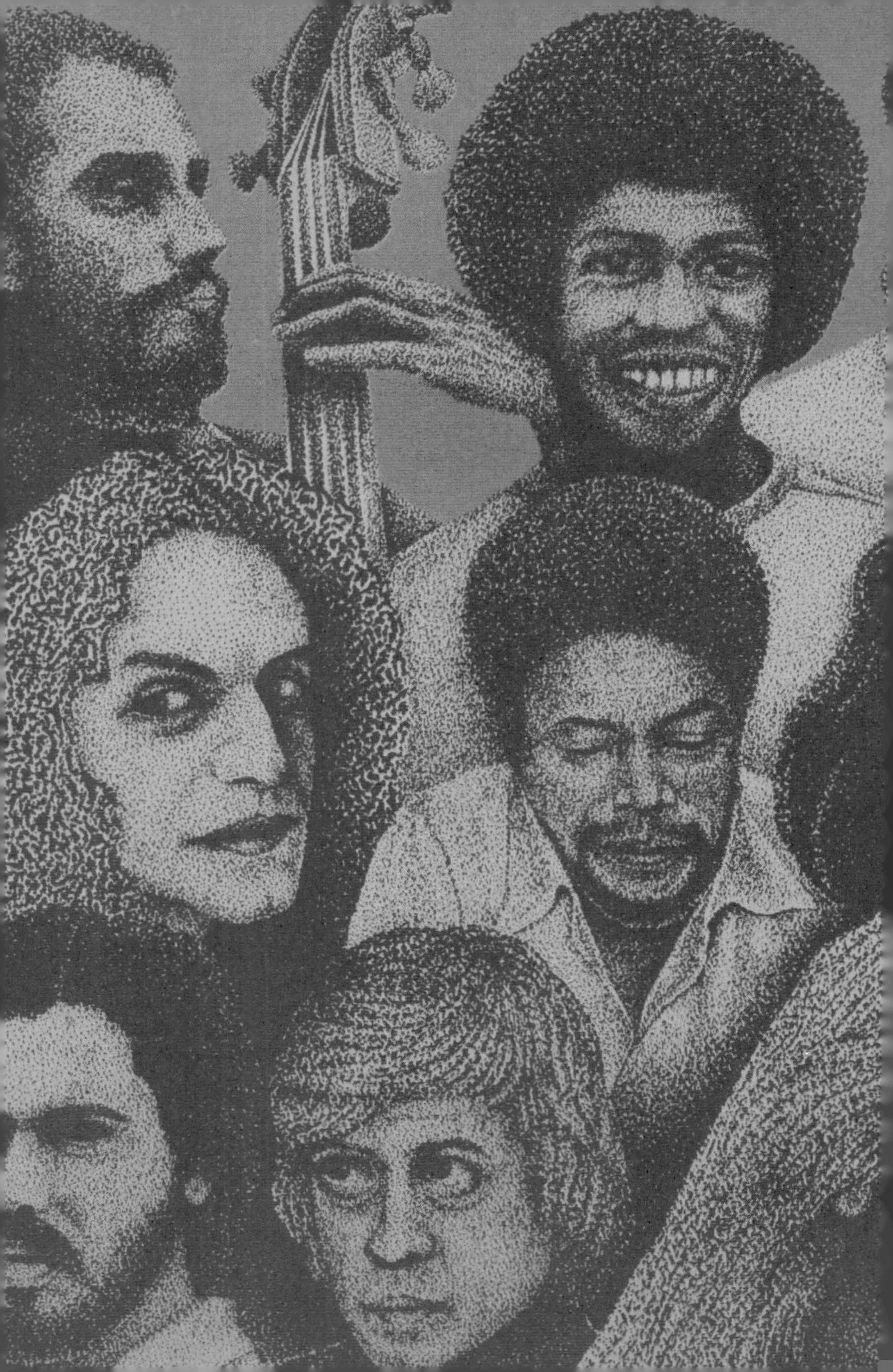

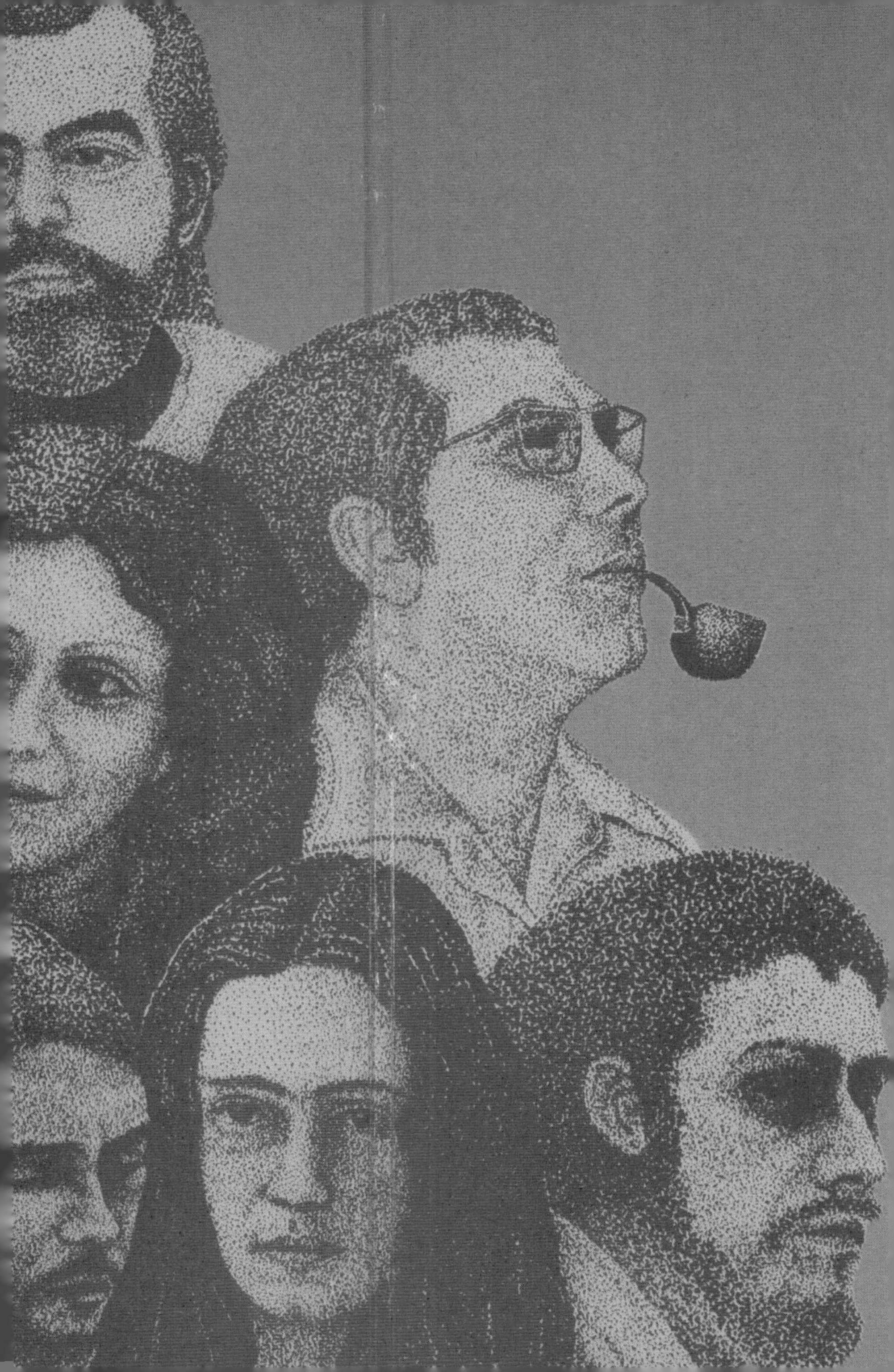

tinha. Alguém disse assim: "olha eu tenho uns negócios aí que talvez possam ajudar." Que eram quatro guarda-sóis desses de praia e ele achou que aquilo foi uma ideia genial, que nós todos achamos e colocou amarrado em estante. Então o estúdio virou um troço mais pop do mundo, cheio de guarda-sol. Aquilo não adiantou nada porra, claro que não!

Isolou.
Mas a gente achou que foi o troço mais genial, bom para caramba. Então, o Mário Tavares, já falei, todo mundo. Esse aqui sou eu e essa aqui é a Dulce [*Bressane, também conhecida por Dulce Nunes*] que foi a pessoa que, foi a pessoa que norteou a minha vida desde o iniício e me ensinou a coisa melhor do mundo. Por causa da Dulce, que foi minha primeira companheira, eu casei outras vezes e sou amigo, muito amigo de todas as ex-mulheres, que são muito amigas e eu sou amigo dos maridos e todas as ex-mulheres são madrinhas dos meus dois filhos. Ela me ensinou a não ser… a diminuir o recipiente de burrice que todo homem tem, não é? Quer dizer, ela me ensinou que se a gente não se dava mais como homem e mulher que a gente não podia abrir mão do prazer, do afeto, da amizade e da cumplicidade que a gente tinha. Eu fui muito contra isso no início, fiquei meio cabreiro.

Vou quebrar minha pauta aqui um pouco e vou pular para uma coisa que o Herbert [Vianna] disse no Parque Lage há um tempo atrás. Vi um de seus shows no Parque Lage, eu não morava aqui, morava em São Paulo, mas o que ele está falando eu assino embaixo e concordo plenamente, e já ouvi isso de muitos músicos na minha geração. Somos músicos desse segmento pop-rock e, como bons brasileiros, ouvimos de tudo, ninguém é restrito a nada. E me lembro

exatamente disso que o Herbert disse, Egberto, que alguma coisa nesse disco é até difícil, a gente tenta não rotular a música e, às vezes, acaba caindo nesse lugar comum, que a imprensa usa muito essa ferramenta. Mas eu me lembro bem no tempo do colégio, uma geração, que é o urbana, mora em metrópole, tem hora que não se identifica com certo tipo de música. Pegava o banquinho, o violão e tocava com uma certa postura, dependendo do contexto, fica difícil para o garoto se identificar com aquela música que está sendo produzida, com a atitude. Aí vem, sei lá um grupo de fora, alguma coisa que é feita fora do Brasil, com outra atitude. Os caras, os gringos são bons nisso, você sabe, em convencer o telespectador.

Tem! E são mesmo.

E a gente durante muito tempo assim, aqui no Brasil falta peso, leia-se, pegar o instrumento e tocar com força. Esse tipo de coisa. Então ficava aquela coisa, os roqueiros, os jazzistas, os que são da MPB, ficava essa coisa... no meu colégio tinha muito isso, eram os guetos, os que só admitiam MPB de protesto, Geraldo Vandré e por aí vai. Os jazzistas que achavam que eram os melhores, e os roqueiros que eram os desprestigiados, porque são de uma música fácil, descartável, mas enfim, tinha essa coisa.

Certo.

E os roqueiros acusavam: "ô mas no Brasil não se faz, a MPB não tem peso, não tem atitude"... Bom o fato é que isso que o Herbert está falando vinha um pouco de encontro a isso que eu to falando. Lembro quando chegou esse disco, no colégio. Eu estava já no segundo grau e os mais velhos chegaram com ele e ele tinha uma coisa muito interessante, porque já naquela idade eu percebi, ele andava na mão dos três grupos.

Olha só! Bacana.

Os jazzistas ouviam, o pessoal da MPB também e os roqueiros também. Isso me chamou a atenção, e fui ver e tinha um pouco dessa coisa mesmo que John McLaughlin disse para você. É um disco de rock?

É!

Você acha que é? Tem rock aqui de alguma forma? Em algum momento?

Olha aqui, depois que eu conheci uns três ou quatro daqui, uns três ou quatro de fora. Depois que um sujeito chamado William Friedkin, diretor daquele filme O *Exorcista* me convidou para fazer a música de um filme chamado *Cruising* com Al Pacino e que fui à Nova York para assistir o trecho que eu ia fazer e comecei a gravação e lá tomei conhecimento. Que a música teria doze, treze minutos de música minha e mais vinte, vinte e tal, do Frank Zappa e cruzei com Frank Zappa e conversamos muito. E o Frank Zappa me disse: "comprei um caminhão e vou para estrada agora, porque eu botei um gravador no caminhão". A primeira vez que ouvi falar isso na vida, de alguém sair em turnê e fazer a produção independente, 1975, 1976. Depois de ter ouvido a música desse povo todo, eu acho que esse disco aí tem uma atitude que foi creditada ao rock. Então, sob o ponto de vista do estrangeiro ao rock daquela época, esse disco tem um monte de rock. Sob o ponto de vista do roqueiro eu não sei, porque eu nunca fui. E essa, a sua observação, só para fechar, eu estou falando de uma coisa que parece contraditória, mas não é, estou falando de uma ignorância em relação a que música faço eu. Quando você diz assim, andava nas mãos dos três grupos, eu te diria que esses três grupos se multiplicaram e que hoje a música que eu faço anda na mão de índios brasileiros, Sapaim, Raoni, Zeneida Lima; anda na mão de sambistas, eu estou me referindo à entrevista, que me deixou feliz para burro, do Nelson Cavaquinho dentro do disco da Beth Carvalho, dizendo que no Brasil tinham dois músicos que ele gostava, que eram o Paulinho da Viola e eu. Entra na mão de gente, como você, como o Herbert, que representam isso que a gente já sabe. Entra na mão da turma da MPB, entra nos teatros de música mais chamada de concerto. Chegou às mãos e me fizeram tocar com Martha Argerich, com Maria João Pires e com Yo-Yo Ma, que são três *tops* da música. E eu toco em todos os teatros do mundo reservados à chamada música "clássica", Ópera de Colônia, Concert Bauer em Amsterdã, não sei o quê, tocando a música brasileira, que se não é essa do *Academia*; tem pedaço dela porque ela continua... Então o que eu acho curioso é que o meu pai, minha mãe, meu avô, tio Edgar, meus amigos e os músicos etc., me ensinaram a não ter preconceito nenhum contra nada e tudo que me diverte e tudo o que eu não sei me interessa. O principio é meio esse. Quando eu andei por esse departamento aí que chegou a essa coisa parecida, com cheiro de rock na história, foi porque nessa época eu precisava muito disso. Em seguida parti para uma coisa absolutamente contrária a isso, que foi tocar piano e tumbadora com Naná Vasconcelos. Que também teve um resultado bacana, de que eu gostei muito. Depois parti para só música eletrônica, sintetizadores e o cacete, depois parei e hoje em dia sou uma orquestra. Não é que eu não goste do que eu faço não, mas eu estou tendo a oportunidade de refazer coisas que eu já tinha feito e não gosto e experimentar coisas que eu nunca fiz. E esse pedaço da minha vida que envolve e se baseia sobretudo no *Academia de Danças*, tem aquele dado que, eu repito, é fundamental: quanto menos eles, me refiro aos Odeons da época, entenderem, melhor será para eles e para mim mesmo. Que isso é a prática de uma liberdade. Mesmo que não dê certo, não deu certo, mas eu não estou, não estou interrompendo o meu processo criativo, porque eu aprendi a não ter medo da receptividade do que eu faço. E descobri que o mundo é pequeno demais, sabe como é? Para não caber em algum lugar o que eu penso. E descobri que a música que eu faço, se eu tenho a liberdade, o *Academia de Danças* me deu essa liberdade. Se eu tenho a liberdade de fazer uma música de vinte minutos, que foi criticada lá pelo nosso amigo, eu só tenho uma maneira de sobreviver fazendo essa música. É permitindo a qualquer outro que faça qualquer música de qualquer tamanho e não ser crítico jamais, porque se eu dou liberdade para mim mesmo o outro também tem que ter. E isso faz com que eu tenha cultivado através até de posições como essa que foi contada, de que só tem uma coisa que vale a pena. Tem uma música nesse disco *Academia de Danças*, você está vendo que esse disco é uma coisa mesmo... Deixa eu ver aqui, para falar que música que é. Um, dois, "Bodas de Prata", está aqui, abre o lado dois que se chama "Corações Futuristas". Essa música acaba de ser gravada dois anos atrás, piano e violoncelo, eu tocando piano e Yo-Yo Ma tocando violoncelo. Que há quinze dias atrás recebeu o segundo prêmio, porque atingiu um milhão de cópias vendidas. Yo-Yo Ma não tem nada que ver com *Academia de Danças*, com rock, com nada e esta foi a música escolhida pelo Yo-Yo Ma para representá-lo nos últimos dois anos, tanto que ele está tocando em tudo quanto é concerto. Quer dizer tem uma coisa muito contraditória nesse disco, que faz com que a gente esteja aqui 150 anos depois conversando sobre ele.

Tem uma outra coisa interessante nesse disco, Egberto, dele arrebanhar pessoas que pensavam completamente diferente. Naquela época, São Paulo era assim, você identificava o cara pelo tipo de disco que ele levava pro colégio.
Olha só!

Se o cara estava com o disco do John Lenon era um tipo de pessoa, se ele estava com o disco do Geraldo Vandré... O que eu lembro, além disso que eu te falei, ele arrebanhou todo mundo assim, estamos tentando identificar as características que o levaram a fazer isso.
Claro!

Ele tem elemento de tudo, fala com todo mundo ao mesmo tempo. Ele não fala só um idioma, ele fala vários. Outro mérito que eu me lembro, ele não só arrebanhou como chamou atenção de um pessoal que tinha uma coisa meio de não prestar muito bem atenção na música brasileira, chamou atenção de um monte de gente que só ouvia música americana, música inglesa. Olha só, não pode parar por aqui que tem coisas boas. Começa por aqui e vai adiante. Então eu me lembro que isso aqui foi um divisor de águas. "Espera aí parceiro, tem o Egberto, que faz esse som que a gente gosta." Tem que ter mais gente. Então quem são esses outros?
Entendi. Entendi. Bacana!

"Olha só vem cá pessoal, vamos dar uma olhada." Essa coisa do rock, o que você acha? Porque aqui o que eu noto, pela maneira rock como o Robertinho está tocando, a fúria, volume, do instrumento.
Claro, claro!

O que que tinha? Era próprio da juventude, do momento artístico de vocês? O que você acha que levou vocês a tocarem do jeito que tocaram?
O Robertinho, é engraçado que você esteja tocando num ponto, nós ficamos amigos inseparáveis durante anos tocando juntos e depois demos uma separada por várias razões, enfim, mas a amizade segue igual e tal. Mas eu me lembro do Robertinho fazendo comentários a respeito da potência e da força dizendo assim: é a primeira vez que me aparece um músico que toca e que quebra tudo tocando e que me permite tocar quebrando, também. E ele tocava com um monte de gente craque, mas era muito mais o "escovinha". E comigo "escovinha" passava longe. Se você trouxe a "escovinha" deixa em casa, não traga não, porque a gente pode ser picado por um vírus qualquer de gostar da "escovinha" e vai danar.

Concordo. O pau comendo...
O couro comia o tempo todo, a amplificação era muito ruim, então fazia com que quem não tocasse bateria tivesse que tocar mais forte sempre. E acabou que até coisas que não seriam originalmente pensadas para tocar tão forte tornaram-se fortes, porque a música era meio pensada, desenvolvida enquanto tocava. Era nota para tudo quanto é lado e para ele acompanhar isso aqui ele tinha que baixar o porrete. A música ia se compondo, ia ganhando volume, polifonia, que é um negócio que hoje em dia... Hoje, quando ouço grupos falando assim, de uma das coisas que eu aprendi a gostar por causa da minha filha, quando ela tinha dez, onze anos. Quando eu ouço a Madonna hoje, digo assim: "mas como é bom crescer, amadurecer, porque a música fica tão mais consistente, tão melhor". A música não mudou não, mas está de uma consistência danada. Então essa consistência,

a qual eu me refiro que aqui apareceu — por causa dos músicos, apareceu e se transformou numa coisa pesada na maneira de tocar, porque a gente queria gritar e não falar. A gente aqui não diz não à música de fundo de ouvido, de banquinho, de violão, mas não concorda também que a única coisa que representa, tanto que é feito outra. A gente não, nesse disco e outras pessoas, não fazia o que era chamado rock, não é nem rock não, a música jovem brasileira na época se fazia, que era o negócio da Jovem Guarda, e eu acabei conhecendo muito bem, porque eu fui casado uns dois anos com a Wanderléa. A gente ficou muito amigo, eu sou padrinho das filhas dela que me chamam de pai. Então eu acabei conhecendo bem e entendi que aquilo que era feito, naquele formato, porque não tinham passado alguns anos para amadurecerem, não só os que faziam a música, mas sobretudo aqueles que tocavam e arranjavam. Que é um negócio curioso isso. Quer dizer, curioso como as músicas seguem muito numa levada que são e pouco a pouco elas vão assimilando outras coisas e amadurecendo. Eu, por exemplo, aprendi que não preciso gritar durante um disco inteiro. Aprendi que hoje, como é tudo muito mais veloz, talvez baste o sinal de que vai gritar, porque tem mais efeito do que 40 minutos gritando. É claro, se você vive o século 21, você tem que perceber essas coisas, não é? E esse processo de desenvolvimento, de certa forma, começa nesse disco em que eu não tinha grandes dúvidas, não que eu já soubesse, mas eu não tinha grandes dúvidas na música que eu queria fazer, na música que eu queria tocar, que instrumentos eu gostava de tocar ou como orquestrar. Eu ainda tinha algumas dúvidas se eu deveria cantar ou não, tanto que aí tem umas coisas cantadas, mas que já tem misturado com os *vocoder* que existiam na época, porque eu já tinha dúvidas. Eu disse assim: "mas toda vez que eu tenho que cantar alguma coisa, eu fico morrendo de medo, e tocar eu adoro, não tenho medo nenhum. Fico com medo e, depois, para voz ser ouvida, eu tenho que abaixar coisas que eu não quero, então eu vou botar a voz com um som que não precise abaixar nada". São guerras que cada um de nós tem, na procura da expressão. E como nós conversávamos muito, o Robertinho, Luís, Nivaldo e tal, podiam não ser da turma do Diagonal, mas eram da geração. Eles ficavam em outro botequim e não naquele. E quando a gente encontrava o botequim então, se formavam onde nós estivéssemos. A gente discutia muito como tocar. Por várias vezes eu disse para Robertinho, "essa baqueta aí, que você está usando, está muito boa, mas esse prato espalhando esse som todo aí, vamos tirar esse troço. Não tem um negócio mais seco?" "Como mais seco?" Eu digo: "eu não sei, porque eu não conheço prato, eu não sei que marca de prato! Um negócio que faça assim ó *chá*! E acabou e não *cháaaaa*". Três dias nesse troço, não é possível um negócio desse. As discussões eram assim. Engraçado, é o Luís Alves que dizia, "ó, esse negócio de eu dobrar os baixos está muito complicado. Tira umas notas aí." Aí vai e ajeita para poder dar certo. Mais tarde ele volta e diz assim: "se quiser botar aquelas notas bota, porque agora eu estou com o baixo elétrico!" Eu digo: "genial", aí voltam as notas. Sabe, é muito condicional, foi engraçado você falar, nesse disco disse assim, "olha aí pessoal, tem uma música aqui, vamos ver quem mais faz por aí, uma coisa involuntária, lembra aquela, aquele verso do Fernando Pessoa". "Que todo começo é involuntário."

É, acho que sim.
Não é? Você tem consciência de que você tem que ficar é muito atento e tem que se preparar para estar atento. Porque senão as coisas vão passando. Esse disco aí é curioso para caramba. Na época tinha uma coisa até que muitos amigos disseram

assim, "esse disco é meio arrogante, meio pedante com negócio de cultura". "Pô, tem lá uma, um encarte com pretensões de escrever música europeia." "A parte gráfica do desenho da..." "Dá licença aqui. Isso aqui ó" Aí eu dizia para o cara assim, "mas escuta aqui, isso que está aqui não é música nenhuma, não é mesmo". Isso daqui foi o Geraldinho que disse assim: "escuta faz um desenho daqueles, aquelas músicas que parecem de Stockhausen, porque a gente também não conhecia direito". Eu digo, "vai fazer como?" Ele disse assim: "não sei, ouve o disco aí e tenta fazer um resumo, isso aqui é um resumo"...

Isso foi você que fez?
Claro! Isso é um resumo simbólico, que musicalmente não quer dizer nada. Passados uns anos eu descobri que se dá isso aqui para os músicos chamados contemporâneos, que eles vão achar genial e vão escrever uma tese de mestrado.

Saem tocando.
Saem tocando. Qualquer mosquito que pousa na partitura ele toca.

Isso é incrível, porque, se por um lado tem isso de rock que a gente está falando a respeito, por outro tem uma carga de improviso que você também sempre trouxe. E dá para perceber no disco sim, que saiu do tema principal, foi improvisar, a cozinha foi atrás depois voltou. Voltou, foi para o tema, voltou. Isso é próprio da linguagem do jazz, e também tem todos os arranjos que você compôs, escreveu para a orquestra que dão esse tom quase apocalíptico em alguns momentos, dramático.
É, tem coisas ali assim. Tem.

Já que eu gosto tanto de música e a música é tão benevolente comigo, e eu não tenho responsabilidade nenhuma de fazer nada que seja obra, eu tenho responsabilidade de fazer tudo que eu possa fazer. Eu tenho que experimentar coisas. A vida é uma só, não vou deixar para a próxima que eu não sei se venho em forma de macaco, formiga, cachorro, qualquer coisa.

Como é que você montou isso, Egberto? Vem a banda embaixo, depois vem a orquestra...

É, na realidade tem um negócio aqui que eu falo pouco, mas que gosto para caramba de lembrar, que é o seguinte: já desde essa época, eu tinha mais dúvidas de como fazer aquilo que a gente chama de improviso. Não eram mais dúvidas de como fazer, era dúvida em relação a quanto de improvisação a música que eu fazia devia conter. Ainda tem algumas coisas, exatamente como você descreveu, está aqui, aí sai, o grupo vai junto, e volta junto e tal. Não tanto quanto parece, mas tem. Esse disco me ensinou ou foi o estopim para me ensinar o seguinte: como eu me acho um compositor do século 17 ou 18. Acho mesmo, porque compositor tocava, escrevia e sentava com outro e tocava sempre. Quer dizer, eu sou um super "da antiga", porque toco, gosto de tocar com o outro e toco qualquer tipo de coisa que possa tocar, eu sento e toco. Por isso que eu sou super "da antiga". Eu disse assim: "cacete, já que eu gosto tanto de música e a música é tão benevolente comigo, em ideias, e eu não tenho responsabilidade nenhuma de fazer nada que seja obra, eu tenho responsabilidade de fazer tudo que eu possa fazer." Porque eu não consegui ter um selo, contratos com companhias de disco e gravar com todo mundo, só para fazer números de discos. Eu tenho que experimentar coisas. A vida é uma só, não vou deixar para a próxima que eu não sei se venho em forma de macaco, formiga, cachorro, qualquer coisa. Aí os improvisos de uns anos para cá, e começou minha questão, parecem ser cada dia mais livres. E eu te garanto por A mais B que a cada dia que passa, eles são mais cadências, como os músicos do século 18 faziam. O disco que você citou, que eu fiz com Charlie Haden, não chega a ser exatamente cadência, mas tem músicas dele, por exemplo, como "Silence", que é uma música linda, que eu depois de muitos anos descobri que era um choro, aquela música, choro. Aí eu acompanho e quando eu começo a tocar, eu toco o choro que eu fiz dedicado ao "Silence", que soa com um frescor danado, que eu toco com um prazer! É o ator que está falando um texto de 500 anos, mas fala com prazer, parece que foi feito ontem, pronto. Se juntar esse improviso que estava se formando naquela época, a orquestração que estava se formando naquela época, o conjunto que estava se formando, que gerou uma ideia que também não era muito classificável, "que diabo de música é essa?". Ou dava muito errado, ou dava muito certo. Porque o bem querer nesse disco, vai desde o cara do cafezinho, que depois virou o presidente da companhia, até qualquer um outro. Eu fiz muitos discos na vida e sem falar nos que tocam no disco, quando é grupo pequeno e tal, que sempre se gostam e é bom ficar junto. Eu não me lembro de uma passagem na minha vida que tivesse a participação ativa. E ativa aqui é o seguinte: gravação amanhã, sessão começa às 9 e vai até às 6 da tarde, sei lá, 9 da noite, sei lá. Aqueles horários lá de gravação. Nós chegávamos nove horas, quinze para as nove, nove e quinze. Invariavelmente tinha quinze amigos dentro do estúdio, pessoas amigas, amigos de não sei quem. Normalmente o técnico que era o Tuninho gravava, o Jorge Teixeira, que era o outro técnico da Odeon, não gravava e o Nivaldo Duarte também não gravava, porque queriam estar todos dentro da cabine. Era uma cooperação, cara, um troço que não podia dar errado. A ideia de fazer os *playbacks*, como a gente chamava antigamente, de colocar solos de um gravador para o outro foi o Jorge Teixeira que entrou, que era o craque da época, e disse assim, "mas escuta, a perda é de não sei quantos decibéis da potência tal e dos graves", ele falou, "se a gente fizer a cópia puxando isso ele vai perder pra recepção, mas vai manter o mesmo negócio". Aí diz o outro, "mas puxa depois". ele disse: não, mas vai vir muito chiado e não pode e tal". Eu ouvia essas discussões e eu não sabia nem o que eles estavam falando. Então vamos experimentar? "Por favor, Maestro, toca aquele trechinho, Egberto vai lá e toca, junto assim e finge, não sei o quê e coisa e tal". A gente tocava e se perguntava se tinha dado certo. Então bota mais um decibel aí para ver, que aquelas máquinas um decibel era mais para lá, mais para cá, que o número foi não sei quem que resolveu escrever, um, dois, três, aquilo não tinha nada de exatidão. Então, como houve um cooperação muito grande, eu acho que a gente criou uma coisa que independente de ser rock, samba, chorinho, o diabo que seja, tem uma coisa que hoje em dia é mais comum. Hoje em dia não, de uns anos para cá, a partir de meus filhos eu ouço assim, "pô estava uma energia bacana, uma energia não sei o quê". Sabe, tinha uma coisa bacana. Eu acho que tem muito isso.

O som também, Egberto. Voltando para esse assunto, que me chamou atenção, o som também desse disco é muito bom. Você sabe que esse disco tem o som muito melhor que o dos precedentes. Inclusive o *Corações futuristas* já foi gravado na máquina de oito canais e o som ficou horrível. Tanto que tem duas mixagens diferentes do *Corações futuristas*. Saiu a primeira com a capa meio avermelhada e depois com a capa preta.

Eu não sabia disso.
O John quase me matou quando eu disse, "está muito ruim esse troço". Está escrito, mixagem número um e número dois. É porque não era uma coisa muito comum alguém brigar pela mixagem. Mas espera aí, o que que a gente vai fazer com os discos? Eu digo: "eu não sei". Tem que fazer outra. E foi feito assim um ano e pouco depois. Era uma briga que a Odeon permitia que houvesse. Agora esse disco, seja lá pelo guarda-sol que o cara

disse que ia ser ótimo ou seja por não sei o quê, o que eu posso te dizer é que para quem conheceu o estúdio da Odeon no segundo andar ou terceiro daquele prédio ali na esquina da Rio Branco. Era um estúdio grande e, quando eu penso que, em 90% desse disco, onde tinha orquestra, ela estava sentada e o Mário Tavares regendo e todo mundo tocando junto. Junto! Primeira coisa: os músicos da orquestra não tinham nem fone para todo mundo, porque antigamente o fone era uma porcaria; pelo contrário ninguém queria saber de fone. Os que tinham eram usados só pelos primeiros de cada instante, quando tinha. Não é?

Como faziam?
Eu não sei como faziam e eu não sei como é que esse troço foi captado, porque na hora que a gente ouviu, a gente não teve a menor medida da qualidade desse troço. Porque isso é gravado em dois canais, o que significa que já veio mixado. Exceto por uns sintetizadores que entraram depois...

Já vem em dois canais?
Já vem em dois canais. O que me leva nos dias atuais a gravar em dois canais. Como eu falei, esses dias eu fui no Theatro Municipal e encontrei lá com um dos caras dessa época, Pareschi, não sei o quê... que tem uma filha chamada Antonella, que toca para burro.

É, a gente gravou com ela.
Lá pelas tantas ele diz assim: está vendo como ela toca bem? Eu digo, ela toca até bem, eu gosto da Antonella por causa da orquestra da Petrobras, que eu conheço bem. Eu disse: tocar bem eles tocam, mas não tocam como vocês tocavam, naquela época que o couro comia no estúdio. Que é uma época que todo mundo tocava, né?

O som da orquestra, eu estava ouvindo ontem, pela enésima vez...
Não é um negócio mesmo impressionante?

A captação é...
E é o Tuninho. O Tuninho se hoje passar, vamos dizer assim, uns cem anos. Se pedir para ele, "então me explica uma mesa de som", ele vai dizer: "ué, precisa tomar cuidado com o grave e com o agudo". O Tuninho não tem tecnologia nenhuma, Pro Tools para ele é marca de sapato, alguma coisa assim.

A gente poderia então comentar alguns temas, você acha?
Bora!

Pega o vinil!
"Palácio de pinturas" é uma abertura, parece o "Jardim de prazeres". É uma abertura com cordas que tem uma paisagem assim, uma linha de horizonte com o celo tocando que passados todos esses anos, eu refiz a orquestração e quando o Francisco Weffort, o Ministro da Cultura, me convidou para fazer a *Sinfonia dos quinhentos anos do Brasil*, usei isso como início da sinfonia considerando que meu ponto de vista atual é que aquilo ali teria sido a primeira visão europeia do Brasil, não é?
Esse tema está usado. Os outros temas, o "Bodas de prata & Quatro cantos", acabei de falar que virou música gravada pelo Yo-Yo Ma. Que virou outra história diferente. O Geraldinho Carneiro comentou inclusive que ele ganhou mais direito autoral com essa música do que com toda a vida dele como autor.
Agora sobretudo, porque foi tocado muito na época, foi gravado por Sarah Vaughan e por não sei quem. Engraçado, é um diabo de uma música esquisitíssima, viu?

Ela abre então, "Palácio das pinturas".
Então, isso aqui eu vou querer. Já que você vai fazer esse tipo de ilustração, eu acho bacana o seguinte: eu vou te dar o disco da *Sinfonia dos Quinhentos anos do Brasil*, que você tem isso daqui e o desenvolvimento disso com outra cara e outra.
Uma das faixas que chama atenção, até hoje chamou, "Jardim dos Prazeres".

Sim. É você e o violão, você com o plano ali do violão que vem para cá. Tem escala. Aí que eu acho, me corrija se eu estiver errado, tem escalas nordestinas ou parecidas...
Tem, tem.

E você vai e, ali como a gente falou, ali o couro come. E tem esse efeito na voz já. Que você está cantando uma letra ali, é um vocoder aquilo?
É, um vocoder que eu tinha comprado. Eu me lembro, eu comprei nos Estados Unidos durante a turnê com o Airto. Um dia eu vi não sei quem, nós tocamos em um lugar, que alguém fez um show antes, ou depois, eu não lembro direito e o cara cantava e saía... Eu dizia: que diabo de som genial é esse aí. Eu digo, "eu sou esse cantor aí, eu quero cantar desse jeito". Aí o Airto disse assim: "ah, isso chama-se vocoder, que você canta e fica assim a voz". Não era bem isso. Você tem que meter o sintetizador do lado. Bom, e tem que tocar, na época tinha que tocar ao mesmo tempo e tal. Você tocava porque a voz passava pelos filtros..

Você toca o quê quando você está cantando?
Não, não. Você toca a melodia que está cantando no tempo em que você está cantando. Porque na realidade o vocoder é o seguinte: faz com que a sua voz entre como um oscilador. Sua voz analógica

é transformada em elétrica e depois é transformada numa onda sinoide que vira assinoide, que determina um oscilador de frequência. Quer dizer, tem ondas redondas, triangulares, quadradas e isso se mistura com o som do sintetizador, você coloca o timbre que você quiser e a captação sai pela saída do sintetizador que entrou no vocoder, e tem um *output*, mas no fundo é a somatória. É a somatória do sintetizador, não é um deformador da sua voz. A sua voz vira o que você quiser e você tem um controle de balanço que é mais voz ou menos voz. Você pode não ter voz nenhuma, só ter um sintetizador. E eu achei esse troço genial...

O título do disco deu origem a confusões?
[*Uma vez, deu. No Theatro Municipal*] Lá pelas tantas, o Luís ria pra burro, com o Robertinho. Que moleques que são os dois. Responderam à pergunta que foi feita a eles. "A que horas chegam os bailarinos?" Robertinho disse assim: "em meia hora". Quando a gente chegava tinha que ter a trupe dos bailarinos, que não tinha. E aí tinha uma conversa nos lugares mais formais, digamos. A gente acabava culpando ou a transportadora que se perdeu, ou o ônibus dos bailarinos que quebrou. Ou aquele cara que é o diretor, o coreógrafo, que é um chato, que sempre briga, não vai e tal. Então vamos só tocando música mesmo. Era assim. Porque você explicar "Academia de danças" pelo interior do Brasil... "Cadê o grupo de dança que não veio?", é complicado, né?

O disco chama-se *Academia de Danças*...
É muito complicado o negócio. Depois a banda virou Academia de Dança. É uma confusão danada.

É o interessante dessa obra aqui. A gente pode ficar o dia

inteiro enumerando os aspectos da sua obra. É desafiador mesmo. É pra tirar a pessoa que está ali, fazer a pessoa refletir. E já começa por esse título, ACADEMIA DE DANÇAS. É balé, não é balé, depois a banda virou o nome. Os títulos também dentro da sua obra vão e voltam...

O "Corações futuristas" encerra esse lado de modo extraordinário com um gongo... e gongo é oriental, não é? Isso por quê? Isso que eu queria entender, até hoje a gente está conversando. Eu entendia que cada um desses lados, pelo menos na minha análise estudantil...são suítes ou não são suítes? O que você acha? É o mesmo tom em quase tudo...

Eu não chamo de suíte, porque pela informação que eu recebi há milhares de anos sobre essa questão de suíte, era um negócio feito muito na música europeia. Na realidade eram músicas de menos fôlego, por isso que vinham junto a movimentos curtos. E depois a industrializada, que era juntar um pedaço disso com aquilo com aquilo outro. Então, eu não acho bem que seja suíte. Até porque a maneira de fazer tem um comportamento de quem vai escrever tradicionalmente uma sonata europeia ou sinfonia, porque tudo é a mesma coisa. A forma que tem 3, 4, 5 movimentos, só que não escreve; a europeia vai escrevendo sem tempo ou medida. O que significa que essa ideia que acabou, ela sugere. "Olha, aqui acabou. Eu vou chegar ao gongo e você vai entender o meu raciocínio. Aqui acabou a ideia". Aí o outro diz assim: "não, mas espera um pouco. Está acabando, não está soando legal no baixo isso! Tem como fazer confusão, dá o Mi grave" Eu digo: "Genial!" Aí a saída lá, pra buscar, pra chegar o Mi, dá a ideia que a gente tem que fazer. Eu digo: "bom, já que está em Mi, pega o violão". E começa outra música que depois ganha uma orquestra. Por isso que não é suíte, é feito um em função do outro, que é em função do um. Aí quando chega no fim, que é um cacete só. Que a gente tocava isso ao vivo de cabo a rabo, que também não é muito brincadeira, você parar assim, sentado de frente ao público e tocar vinte cinco minutos do pau quebrando sem parar. Quando chegou no fim, o Robertinho disse assim: "muito ruim esse final". Eu disse: "como ruim?" Ele disse: "poxa, a gente trabalha pra cacete, tem que ter um final mais pomposo! Um troço mais genial, assim". Aí do genial que a gente buscou entre corda, orquestra, acorde, não sei o quê misterioso, a melhor ideia foi a de um gongo indo até a última ressonância, que é como ir embora, sabe como é? E ao mesmo tempo, para esse troço, que durou vinte, vinte e cinco minutos de massacre. Porque a gente acabava quase morto quando tocava esse troço.

Exige fisicamente, não é? Fico pensando em você, o violão, você faz os arranjos, é muito rápido...
O negócio é pesado. E tinha um troço que complicava minha vida pra burro, que hoje em dia eu já não faço mais. Porque você não deve conhecer muita gente que toca piano e toca violão. Você conhece quem toca piano e mexe com violão ou vice-versa. Eu toco os dois, por causa da educação do meu pai e da minha mãe. Isso aqui é só o lembrete. Meu pai vem de Beirute, Líbano. A aristocracia exigia que tivesse um instrumento, que era piano. A minha mãe, que vem da Itália, onde está o muito aristocrático *pianoforte*. Tem a serenata. Serenata é violão. Eu, quando comecei a aprender sem saber quem era um, quem era outro, e por que era mais importante ou menos, tiveram a mesma valia. De forma que eu toco, apesar deles não serem nem primos. Quem toca violão não pensa música, pensa violão. Quem toca piano, pensa música.

Por que?
Eu acredito que quem toque violão não tenha primeiro possibilidade de pensar de que vai tocar com alguém, porque com dois violões tem um que fica em desvantagem, porque não vai ser ouvido. Porque violão é assim, não é? Violão é quem tiver com a unha mais afiada toca mais forte que o outro. E o raciocínio do cara não é nunca de música original. 90% do que os violonistas estudam, antes de começar a fazer sua própria música, é versão de alguma coisa. O violonista que chega e diz assim: "vou tocar uma peça de Bach". Aí você ouve e diz assim: "mas originalmente não foi escrita, nem só pra violão, como não foi nessa tonalidade". Como o violão tem quatro tonalidades. Quatro e tchau. Se tocar em outras, bota aquele negócio, que eu não sei como é que chama aquilo. Como é que chama aquilo? Capotraste. Então eu acho que o negócio de violonista é meio por aí. E pianista acha que o que ele toca é tão mais importante que qualquer outro instrumento, porque é maior o repertório, não é? E conviver com essas contradições aí, tocar os dois instrumentos, me criava um problema danado, porque tem a coisa física, que é a unha. Enquanto não se passaram os anos e eu não modifiquei minha mão. Porque a minha mão esquerda é assim, por causa de conservatório. E a direita não é assim, a direita é assim, que é pra não quebrar a unha. Agora isso levou anos. Então eu toco assim. Agora a mão direita não deixou de andar como andava antes, só que levou um tempo até esticar os dedos pra não quebrar as unhas. Nessa época eu não tinha dedo esticado, era tudo curvo. Então, eu usava cola, esparadrapo. Tinha um negócio chamado casco de cavalo, que a gente ia no Jockey passar na unha pra ficar dura.

Mas aqui é famoso. Tem uma pessoa que cuida de unha de todo mundo que toca violão. É especialista em unha de

quem toca violão aqui....
Ah, mas então eu vou dar um ensinamento aqui, que vale um trilhão de dólares mais ou menos, que é o ensinamento mais genial do mundo, e o mais besta. São dois ensinamentos pra violonista. Primeiro ensinamento é o seguinte: uma vez eu estava em Saquarema e um cara estava pescando de molinete. Quando ele acabou de pegar o peixe lá que ele ia pescar, o molinete acabou, ele pegou aquele carretelzinho assim, jogou, caiu perto de mim. Primeiro ensinamento, eu botei a mão assim, ó, segurei o fio usado no molinete. Como violonista eu disse assim: isso aqui é uma corda só. Resumo da ópera, isso tem quinze anos, e eu nunca mais comprei cordas de nylon de fabricante. Eu só compro linha de pesca, que tem e eu não vou falar o nome, porque também eu não estou a fim de ficar promovendo fabricante de linha de pesca. Mas eu aprendi todos os peixes em várias línguas, alemão, japonês e tal. Onde eu estou eu entro digo assim: "me dá uma linha aí pra pegar dourado". O cara diz, mas aqui não tem dourado. Mas é que eu vou pra um lugar que tem dourado. Aí eu compro um carretel. Então, as linhas que eu uso para gravar, e eu gravei meus trinta últimos discos, trinta e cinco, um sonzaço, são linha de pesca. É corda disfarçada de plástico, mas aquilo ali é linha de pesca, que é corda de violão, igualzinho. É igualzinho. E a tensão depende do peixe. Isso é a primeira dica. Segunda dica. Que também vale três milhões, três bilhões de dólares. Dólares, não, porque dólar está ruim agora. Vamos botar uma moeda melhor aí. Qualquer uma, euro. Um amigo meu escultor, Luís Ventura. Um dia eu vou à casa dele, quando entro digo assim: "Ô Ventura, como é que é?" Ele disse assim: "espera um pouco eu tenho que passar uma água na mão aqui, porque eu estou com tudo ressacado, um horror". Esse negócio de trabalhar escultura com gesso é um horror, esse troço. Eu disse assim: "mas eu não estou entendendo. Você

está trabalhando com gesso e está com tudo ressecado? Deixa eu olhar isso de perto". Pra resumir; o gesso ressecava a mão dele e ressecava, também, a unha, porque a unha quebra porque é úmida, não quebra porque é ruim, porque é úmida. O gesso ressecava. Eu não ia carregar gesso. Depois de dez, quinze dias eu descobri que o melhor remédio pra endurecer unha é talco. Você põe um pouquinho de talco assim, pega a unha e faz assim por baixo, depois faz assim por cima e o que sobrar você faz assim, que dá um cheirinho também, pronto. É o melhor produto do mundo. E aí nunca mais eu quebrei unha tocando violão e piano. Resseca a unha. No que você resseca a unha, porque o talco puxa, ela endurece. Na pior das hipóteses se tiver muito calor, não sei o que, põe talco duas vezes quando toca, três vezes. Então é linha de pesca e talco. São os dois produtos que eu uso. Esse cara que trata das unhas aí vai ficar danado da vida com essa explicação. Mas que ele continue, mas use talco que vai dar um resultado bom, também.

Aqui você já estava explorando outras afinações pro violão?
Muito. Já a partir do primeiro disco, o que tem uma árvore. Aliás, só dando uma coisa, uma ligação de uma coisa que você falou antes. Que uma das coisas que você achava bacana é que os títulos provocavam uma primeira reação que é assim: "o que que é isso? Eu não estou entendendo, deixa eu ver o que que é isso e tal". É bacana que você tenha percebido isso. Que o primeiro disco feito na Odeon, já com a cabeça desses pensantes aí, que me ajudaram a vida inteira, foi um disco que não tem título e que tem uma árvore na capa. E dentro tem um poema falando sobre o que se fala hoje, que são as queimadas, exatamente. Mas enfim, é isso daí. E esse disco, eu estou falando que foi a primeira vez que se usou a força da palavra não colocando título nenhum. Porque

no LP ganhou o meu nome numa etiqueta ali. Porque no LP é assim, na capa tinha uma etiqueta com o meu nome impresso, que era colado em qualquer lugar na capa. Que um trabalho que deu pro pessoal da montagem lá em São Bernardo, que eu tive que ir lá. É que eles queriam que eu fosse pra demonstrar. Aí eu fui, peguei trinta etiquetas, abri trinta discos. Olhei uma do lado esquerdo, do lado direito, no meio, em cima, em baixo, do lado. Mas como? Eu disse assim: "a etiqueta tem que estar em algum lugar escondida. É que é a brincadeira do disco é essa, não me mande imprimir". Aí num CD ficou impresso, perdeu a graça. E isso, falta de títulos chamou a atenção e foi uma ideia do Geraldo no final. Ele disse assim: "se não tiver título nenhum e dentro da capa do disco, quando você abria assim, ela inteira tinha um poema montado em vermelho em cima de uma floresta queimada, um pedaço de floresta queimada". Ele disse: "como não tem título, neguinho vai virar do outro lado e vai descobrir um poema falando sobre queimadas e madeira, e oxigênio e ar puro". Então, foi bacana que você tivesse percebido que e o título era pra nortear ou desnortear, orientar não interessa. Isso foi sempre uma dica que me foi dada e eu gostei, e uso até hoje.

Na parceria com o Geraldo, a letra chegava depois?
Antes. 80%, 90% é antes. Porque eu gosto de musicar, e acaba que eu leio muito e decoro muito melhor quando eu relaciono com, hoje em dia não mais, com uma melodia. Hoje em dia, pra não ir muito longe, estou falando de Geraldo. O Geraldo acaba de escrever coisas, que ele acha que podem ser letras e ele manda. E como a tecnologia possibilita isso. Eu leio e, quando eu tenho alguma ideia melódica, ligo um teclado USB, Midi, Garage Band, esses programas assim. Leio cantarolando uma melodia, acompanho e devolvo pra ele o poema, que não é a melodia que

tem que ser e o poema, também, não é a letra que tem que ser. A gente sempre fez assim, ele entregava a letra, mas a gente fazia muito junto. Porque o mandar não existia muito, é muito recente, não é? O que nós chegamos a usar umas duas vezes na vida é fax. Mas não dá certo, fax é muito ruim. Fax foi inventado pra nada, não é?

É nesse disco que o Geraldinho toca algum instrumento?
Não. Eu vou repetir um negócio que ele fala volta e meia. Eu já ouvi ele falando isso. Que o Brasil ganhou um poeta e um músico quando nós nos conhecemos, porque eu parei de escrever e ele parou de tocar. Mas é mentira dele porque perdeu um músico bacana, porque o Geraldinho tocava bem piano. Ele e o Nando, irmão dele e Betinho estavam tudo mais ou menos na mesma levada. Só que o Geraldinho desistiu, e parou de tocar, mas o Geraldinho tocava bem. Tocava piano bacana e tal. Ele nunca tocou em disco meu na época. Ele deve ter entrado alguma vez, quando disse assim: "peraí, vamos lá, pega ali um caxixi, pega um xequerê aqui e pega não sei o quê". Ele pegou, entrou e fez parte do rolo. Ou numas coisas que têm assim, de gritaria. No *Academia de Danças* a gente foi gravar o Maracanã. Porque tem dois momentos que tem que ter a gritaria da torcida. Tem duas vezes. Está gravado duas vezes, Canal Cem. O povo ali a gente acabou conseguindo, no Canal Cem, reação verdadeira, porque eles sabiam gravar. Porque nós fomos. Eu com a equipe da Odeon. Fomos num Fla x Flu, já fiquei danado da vida porque o Fluminense perdeu. E eu digo: "esses gols aí comemorando o gol do Flamengo no meu disco vai pegar péssimo". "Ô cara, que péssimo? É o som que interessa". Mas a gravação ficou uma porcaria. Porque isso tem que saber fazer, gravar... Aí acabou que a gente conseguiu com o pessoal do Canal Cem. Mas aquilo

ali é torcida.

Que música?
Seria "Núpcias". Ou seria o "Porta encantada", eu não me lembro direito. Uma dessas duas aqui, ó, ou é a "Celebração de núpcias... Eu acho que é "Celebração de núpcias", viu. Acho que é, não estou lembrando muito bem, não. É uma que Robertinho toca, que nós chamávamos de rock na época.

É uma colagem, não é, Egberto?
Ah, tem muito. Não, mas isso tem o tempo todo. Nesse disco aqui tem a primeira, o primeiro uso de montagem de fita. Um negócio que se faz hoje em *copy and paste* e duplica. Nós usamos um acorde dado pela orquestra várias vezes como sampler. Só que a gente copiava em fita, remixava pra juntar, não é, e usamos. Tem o mesmo acorde tocado aqui. O acorde teria que mostrar. Mas tem um mesmo acorde que a gente usou em três lugares diferentes, de músicas diferentes e pontos diferentes. Eu não tinha ideia que ia aparecer o Pro Tools, essas coisas, mas juntar isso com aquilo era um negócio que eu tinha visto na França feito pelo pessoal de música eletroacústica. Que também não era com esse tipo de música, mas era juntar alhos com bugalhos. Então aqui tinha muito isso, tinha muito isso.

Vamos tentar explicar que, diante dos recursos de hoje, isso pode soar esquisito. Vocês tocando juntos numa sala grande num estúdio lá no centro do Rio de Janeiro, orquestra e banda, todo mundo tocando junto. Aquilo é gravado em dois canais, uma máquina de dois canais de um quarto de polegada.

Fita fininha.

Aí tem mais coisas pra gravar. Ou de sintetizador...
Voz...

Um solo a mais... Aí essa máquina estéreo vai pra uma segunda máquina, que vai registrar...
Passando por uma mesa que pluga o microfone, pra você cantar o que tem que cantar, que mistura isto com o microfone e vai pra outra máquina.

De certa forma continua sendo ao vivo, praticamente. Que você está tocando com o que já foi gravado, mas é junto, não é?
É. Porque não tem negócio de fazer pedaço por pedaço. Faz ou não faz. Não tem muito negócio de conserta, afina, ajusta, não tem esse negócio, ou faz ou não faz. No sentido de que ou toca ou não toca, ou canta ou não canta. Ou enfim, não tem possibilidade dessa coisa que hoje tem muito, que eu acho que pode resultar em coisas bacanas, também.

Mas é no filtro, não é, de certa forma. Essa tecnologia de graça... Ou o cara tocava muito bem pra aquele tipo de música ou...
Não, tinha que tocar. Entrou no estúdio, tinha que tocar. Não tinha negócio de... Estou te falando esse negócio, você entrava assim, distribuía partituras pra uma orquestra. Aqui nós estamos falando de orquestra junto com conjunto, com todo mundo que pode somar, que tinham vinte e oito, trinta pessoas dentro de um estúdio tocando. Isso não é pouca gente, é muita gente. Hoje em dia pra gravar todo mundo junto já é um parto esse troço. Naquela época gravava por osmose. Quer dizer, o cara botava alguns microfones em cima de não sei o quê e dizia vamos embora. Ocasionalmente deu certo nesse disco. Porque

não tinha uma regra dizendo que se colocar aqui vai ser. Até porque a música não era usual, também, não é? E tocar junto era complicado e só deu certo, porque todos tocavam bem. Não é por que tinha um cara que tocava bem, não, todos tocavam bem. Porque se alguém errasse iria atrapalhar o resultado final e erro não tem.

A monitoração era ruim? Tem trinta pessoas tocando juntas. Como é que vocês se ouviam no estúdio pra gravar a música como ela deve ser realmente tocada...
Bom, vamos lá. Desses trinta resume para oito ou nove. Por que oito ou nove? Porque as orquestras não entravam em estúdio pra gravar a chamada música popular. Por consequência não sabiam que existia fone. A maioria dos músicos de orquestra não queriam fones, porque atrapalhavam. Pra esse tipo de música só atrapalha, pra outra, claro que não, tanto que todo mundo usa. Agora pra esse tipo de música... O cara que está ouvindo o som de um fone somado a som mais vinte e nove, não pode afinar direito o violino, se ele está ouvindo um som de vinte e nove, porque ele não sabe qual é o dele, se está bem misturado. Então reduziu a sete, oito, ou seja, nós que estávamos tocando e o regente que tinha que ouvir o resultado de todo mundo. Entre nós, os sete, oito, todos nós, exceto o Mário Tavares, usávamos fone nos dois ouvidos. Nós usávamos um pra ter referência e Robertinho, também, usava nos dois. Então não era exatamente o que se pensa hoje, a nível de monitoração, onde cada um tem seu volume, grave, agudo, reverbe, não. E era tudo mono! Atenção, porque a audição dos fones além de ruim, era mono. Sempre tinha aquele fio velho, que se você mexesse a cabeça ele fazia [ruídos] por causa do fio. Então você tinha que tocar e não podia mexer. Só na hora do cacete na música, que você aproveitava

e mexia bastante pra ajeitar. Era um negócio horroroso, mas genial ao mesmo tempo.

Difícil gravar?
Era muito difícil. Então, você acabou de dar outro gancho bacana. Palavras do Mário Tavares dentro do estúdio: "pessoal, regente, como essa música é muito difícil de tocar, vamos ensaiar bastante pra tocar uma vez". Então se eu te disser que oitenta e cinco por cento desse disco foi gravado em dois dias, em duas sessões de seis, mais seis horas com uma hora de descanso. Porque tinha que tocar. Quer dizer, o primeiro dia que não conta como gravação ninguém gravou, porque o Mário Tavares ficou seis horas lendo as partituras, mexendo no ar, corrigindo e ninguém gravou nada no primeiro dia. Que na hora que senta é pra tocar, mete o cacete e vamos embora. Então era uma coisa bacana!

Quem produziu, na verdade, foi você?
Não, foi Geraldinho, Dulce e eu, que no final ia ouvir pra dar o OK final da música.

Outra coisa. Como foi sua relação com Mário Tavares? Ele soube traduzir bem o material que você levou a ele?
Soube, soube. Eu me lembro que quando a gente começou, ele começou a ler o negócio, quando eu cheguei, no segundo dia. No primeiro dia eu não fui. Ele disse não venha, não, que eu vou fazer só leitura não interessa nada, venha só no final. Na segunda metade da leitura, que na primeira a gente vai ler. Quando eu cheguei ele disse assim: "Olha aqui, Gismonti eu quero te propor o seguinte. Isso aqui musicalmente está bacana, está bom, mas existe um negócio que chama equilíbrio de massas sonoras em

orquestra". Eu disse: "o que é isso"? Ele disse assim: "massa sonora é o seguinte: você tem um grupo de dois, três flautistas, um grupo de vinte e tantas cordas, dois trombones, um trompete. Cada grupo de instrumento é uma massa sonora. Às vezes você escreveu coisas aqui que se eu deixar aquelas duas flautas tocando na hora que estão tocando vinte caras aqui na mesma região, as duas flautas não vão ser ouvidas". Aí eu disse com a minha competência: "não, mas é por isso que tem os microfones". Ele disse assim: "mas aqui nós estamos tocando uma música que é acústica. Isso aqui não é música produzida em estúdio, isso aqui é música acústica. Se não soar todo mundo junto não grava". Eu digo: "qual é a solução?" Ele disse assim: "vamos reduzir a orquestra aqui um pouco, para as flautas poderem aumentar a audição. Se você diminuir o número de gente que está repetindo a mesma coisa, ganha. Aqui está faltando não sei o quê. Você botou dois violoncelos? Isso é bobagem, isso não vai dar certo, tem que ser quatro. Aqui você não quis botar os tantos violinos, bota todo mundo que a gente vai precisar de massa de som". Ele consertou muito a música.

É porque a gente entrou numa região muito interessante. Fala-se pouco sobre isso em televisão. Sobre a música, pra orquestra, acústica, enfim... Na verdade, o papel do maestro, também é de mixagem, não é?
Claro que é... Quando a música é uma música tradicional já conhecida, ela já passou por todo esse processo de revisão natural. Pra você ter uma ideia, a Nona Sinfonia de Bethoven, que hoje é apresentada com uma orquestra de oitenta, noventa figuras e um coro de 360, a estreia foi feita entre coro e orquestra com sessenta e quatro pessoas. Não é que era pior ou era melhor, era porque na época era suficiente com sessenta pessoas. Hoje o

barulho é muito maior, o ruído é maior, a capacidade que tinha é muito menor, precisa de mais volume. As salas cresceram, precisa de uma amplificação muito maior, etc. É bonito de ver. Então, quando a música é tradicional, o regente interpreta o que ele quer equilibrando as massas sonoras de maneira diferente, pra ouvir mais isso ou aquilo. Quando a música não é de repertório de orquestra como era o caso, ela tem que ser corrigida no primeiro estágio. O primeiro estágio é corrigir a escrita. Meu Deus do céu, se a música do Villa-Lobos continua sendo corrigida até hoje, não vai ser a que eu escrevo que não tem que ser corrigida. Todas as músicas têm que ser corrigidas, porque música contemporânea não é aquilo que na Europa eles chamam de música contemporânea. Música contemporânea é a que nós todos fazemos hoje. E acabou de fazer deixou de ser também, sabe como é? É aquele velho negócio, quer dizer, é o que está vivo que é música contemporânea. E essa música tem que ser corrigida o tempo todo. E sendo pra orquestra você depende da boa vontade, do interesse, de uma série de coisas que fazem com que o ser humano produza com mais qualidade. Cada um deles é uma pessoa, cada músico da orquestra tem que produzir bem. Pra produzir bem ele, tem que se sentir bem, ser estimulado pelo o que ele vai tocar ou pelo salário que ele recebe, ou pela temperatura do teatro; ou o instrumento, ou o arco, ou o diabo. Porque cada músico, quando ganha um instrumento muito bom, normalmente compõe uma música nova, duas ou três, fica em casa horas tocando. Porque o instrumento estimula ele a viver melhor e viver melhor significa representar-se através do que ele faz de melhor, que é compor ou improvisar, ou o cacete que seja. Então, pra conseguir isso dentro de uma orquestra nos dias atuais está cada dia mais difícil, porque as orquestras primeiro são controladas pelos grupos que se chamam sindicatos. Sindicatos na realidade, eu vou comparar sindicato com apetrecho usado num instrumento que você conhece tão bem. Muito bem, sobre Robertinho Silva: uma vez nós estávamos no estúdio — estou comparando com bateria — e os técnicos ligaram uma parafernália de equipamentos pra fazer o som ficar melhor, feio, bonito... e colocaram quinhentos mil aparelhos. Até que Robertinho disse assim: "eu posso ir lá na bateria?". "Pode". Aí ele foi, pegou um pedaço de flanela, uma fita crepe, colou uma flanela no cantinho e o som que era ficou um som oco, sem harmônico. E este efeito eles tentavam com quinhentos mil equipamentos. De certa forma o que acontece hoje, é que os sindicatos também não exercem a função de lutar pelos direitos, direitos que façam com que os músicos continuem produzindo. Os sindicatos normalmente lutam por direitos inexistentes que provocaram na música, não estou falando do Brasil, porque o sindicato aqui é muito fraco. Eu estou falando de sindicatos fortes. Alemanha, Itália e França, que têm os maiores sindicatos de música, trabalharam tão bem, que acabou a música na França, na Itália e na Alemanha. A escrita sinfônica acabou, continuam tendo músicos, que viraram cada um guardião do repertório escrito até mil novecentos e vinte. Dali pra diante não tem mais compositor, não tem mais nada. Eu te pergunto: qual é a música que você ouve alemã feita nos últimos anos? Ah, não eu ouço a música tal... Então, mas isso é música conceitual, isso não é música de fato. É assim, vamos fazer uma música que vai ter, e isso é verdade, um total de mil e duzentas pessoas tocando. Isso foi escrito patrocinado pelo governo alemão. Mas por que isso? Ah, não, são quatro orquestras e quatros corais tudo dirigidos por um centro onde vão estar sentadas cinco mil pessoas, sei lá eu, pra dar sensação de quadrifonia. Não, mas isso é coisa conceitual, isso não é a música. Eu estou falando de música, o cara em casa com o violão em casa, com a guitarra, com partitura. Porque tudo é igual. O Sapaim quando pega o jacuí, pra representar a voz do espírito que ele faz. A música representa o espírito. O cara quando está em casa e pega o violão e faz uma música qualquer, o espírito que o induz, conduz, se transformou na música. É a voz do espírito dele. É tudo muito igual. O cara que escreve não está tocando, mas está transformando pensamento... Então, pronto. E isso está terrível, porque nos dias atuais você entra nos estúdios, entra nos teatros, não vai mais orquestra. Entra nos teatros e as orquestras... "Desculpa, mas nós temos o ensaio, tem que ter vinte minutos, uma hora e dez de ensaio, para vinte minutos depois tem mais uma hora e dez". Aí eu digo assim: "podemos trocar e fazer duas horas e vinte sem parar, por conta do rendimento?" "Ah, não, porque a gente vai ficar muito cansado." "Mas cansado de quê?" Eu me pergunto. E isso é um conceito, não é que o chamado serviço sindicalizado formou. Quer dizer, na realidade não é quanto que você produz, é quantas horas você tem que cumprir. E isso acontece de maneira geral. E quando você tem que cumprir o número de horas e o que você produz não interessa, a qualidade que você produz cai, porque a tendência do ser humano é botar um pijama, ir pra beira do lago, botar um, sabe como é? Por mais pop que o cara seja, no fim é a Madonna carregando os filhinhos pra passear, né?

Quer dizer, a tendência é o cara ficar bem relax, trancado. Se você possibilita que o cara, entre aspas, envelheça muito antes, ele vai envelhecer. Hoje em dia não se vende informação como cultura? Isso é o troço mais terrível do mundo. Quer dizer, o cara comprou um HD de três terabytes, se sente recompensado pra viver, porque ele agora tem informação do mundo. E isso daí mudou o quê? Não muda nada. A informação não vale coisa nenhuma. A informação não vale nada.

Tem um momento que você falou na entrevista passada: "Tinha que fazer aquele disco, vou apostar tudo o que eu tenho nesse disco, vou fazer exatamente tudo o que eu quiser."
É, exatamente.

Ou seja, tem alguns dados que a gente já citou aqui, falamos de rock, já falamos um pouco de jazz, alguma coisa de orquestra. Falamos de alguns efeitos eletrônicos, também, outra coisa que me chamou bastante atenção neste disco aqui. Não me lembro de ter ouvido isso antes em algum disco brasileiro. Efeitos no violão acústico.
Tem um monte de coisa ali...

Coisas de estúdio mesmo... Numa época que, no Brasil, estávamos em 1974, e as coisas demoravam pra chegar. Falando em termos de tecnologia. E você, de certa forma como você fala, cozinhou todos esses elementos neste disco. A questão é a seguinte: era tudo consciente ou naturalmente uma ideia leva à outra?
Não, não tinha. Digamos que os bois não tinham nome. A sensação que eu tinha nesse disco, que é diferente do primeiro e do segundo. O primeiro é da árvore onde eu não misturava alhos com bugalhos. Haja vista que tem lá experimentos com orquestra, isso e aquilo e assim por diante. Nesse disco eu não sabia exatamente o que fazer com esse monte de coisas que me deram. Porque aí eu já tinha consciência que a vida tinha me dado muitas informações que normalmente não moravam juntas. Quer dizer, espera um pouco, mas gostar tanto desses sintetizadores, frequências e tudo analógico. O que fazia com que tivesse que conhecer um pouco da eletrônica. Eu gosto tanto de orquestra, mas isso não se mistura muito com esse troço. Gosto... As dúvidas

de como é que eu gosto de coisas que não podem, eu admitia. Que eu dizia assim: "mas eu também toco dois instrumentos que não casam". Então deve ter alguma explicação que um dia eu vou entender. Eu não sabia o que era. Agora, isso ao mesmo tempo me deu uma liberdade danada, porque bastava que eu tivesse a sensação de que estava bom, que eu aceitava e fazia. Eu tinha uma sensação... que eu sempre tive estúdio, sempre tive. Esse negócio de viajar e olhar não sei o que, eu ouvi uma frase do 36:41, que é definitivo na minha vida e que serviria, não para os dias atuais, mas teria servido a muita gente. Quando eu disse pra ele assim: "escuta, qual é a diferença do equipamento que eu posso ter, porque você tem?" Ele disse assim: "o que que você pode ter ou tem?" Eu digo: "isso". Ele disse assim: "olha, financeiramente a diferença é muito grande". O que na época era muito grande, porque os equipamentos custavam um absurdo de caros. Ele disse assim: "mas por que você está querendo um estúdio igual ao meu?" Eu disse: "ah, porque eu queria esse som". Aí ele disse assim: "me fala uma coisa, você tem um cassete?" Eu disse: "tenho". Ele disse assim: "mono?" Eu disse: "é, aquele que aperta duas ou três teclas pra ligar e desligar". "Você alguma vez gravou um piano, violão, ouviu nesse cassete e ficou feliz?" Eu disse assim: "fiquei". Ele disse: "essa é a melhor gravação. É ficar feliz". E aí eu parti pro ficar feliz. Porque eu tinha noção que sombrinha de praia não ajuda nada. Mas quando o cara botou, eu disse assim: "engraçado que isso parece uma feira nordestina, colorida! Interessante esse troço. Vamos deixar isso aqui mesmo. Mesmo que não sirva pra nada, não atrapalha ninguém, deixa isso aí". Eu só aceitei isso, porque eu já tinha essa liberdade. Deixou todo mundo feliz, todo mundo riu. Olha, que coisa engraçada... olha a tecnologia da sombrinha. "Bota amarela aqui perto de mim...". Sabe, esse papo furadíssimo que deu certo na música. Os nomes para cada coisa eu venho aprendendo, porque uma montoeira de gente vem me ensinando ou outra vem escrevendo e outras vêm questionando e eu acabo aprendendo variações, vertentes de nomes ou categorias. O dia que o Herbert me falou esse negócio do peso e da música, eu disse: engraçado ele estar falando esse troço. Que o MacLaughlin lá do outro lado do mundo, dizia que rock mesmo não, o negócio dele era um negócio chamado *fusion*. Que muita gente chamava de rock, aquele Billy Cobham etc... que você lembra bem desse troço. E o couro comia ali, o negócio ali não era brincadeira. Mas mesmo aquilo você ouvia e dizia: não, rock puro não pode, porque não é possível essa quantidade de coisas voltadas ao ponto de vista estritamente musical, isso não é rock. Estritamente musical, não. Não que seja melhor ou pior, mas não é aquilo. Aí eu vou aprendendo com as pessoas. Mas eu não sabia quando eu juntava isso com aquilo, eu não sabia o que ia dar. Como eu não sabia que lado x do disco, ia terminar com o gongo e ia dar o melhor *fadeout* que eu tinha ouvido na vida, você está entendendo? Eu não sabia, mas quando o Robertinho mostrou aquele que durou minutos! E aí o Jorge Teixeira disse assim: "ah, bom se a frequência for assim, calminha no final, dá pra passar vinte minutos, pode ir a vinte um e tal." Só cabiam vinte minutos. Então, o Robertinho dá uma ideia que possibilita que o disco tenha vinte um minutos, ultrapassando o que a fábrica permitia, porque a frequência ia mexer pouco no sulco do disco e assim por diante. Quer dizer, as coisas foram sempre encaixadas e eu aceitando as coisas. Claro que tinham coisas, também não cabiam, mas o que está aí coube tudo muito bem e acabou morando junto e fez sentido.

Os títulos de *Corações futuristas* foram inspirados nas *Mil e uma noites*?

Tinha negócio de *Mil e uma noites*, mas aí é uma conversa que eu só poderia falar se o Geraldinho estivesse presente, porque isso envolve o que na época nós chamávamos de galinhada. Na época a gente ficava lá consertando o mundo até três, quatro horas e consertava outras coisas, também. E daí vem a coisa atávica, dos árabes, dos orientais, não sei o quê. Então tem a ver com esse negócio de Sherazade, sim, das *Mil e Uma Noites*, tem sim.

Era uma época que também tinha mais espaços para experimentação? As pessoas conviviam melhor com isso ou não mudou nada?
Acho que o espaço que eu tinha nessa época só aumentou e não parou de aumentar. Idêntica à minha experimentação hoje. Porque negócio de fazer alguma coisa, você está careca de saber, mas eu estou repetindo só pra ficar claro. É igual a plantar. Quer dizer, tem uma época em que você está arando a terra, depois você compra a semente aí bota. Umas vingam, aí nascem e as árvores que ficaram fortes e as frutíferas começam a dar e você descobre quando é que elas dão, qual é a melhor maneira, qual é o melhor adubo. Não estou na fase de ficar arando terra e procurando semente. Porque nasceram muitas árvores que sustentam a minha vontade de viver feliz, ponto. Agora, a minha experimentação, se não é arando terra hoje, é tocando a minha vida, você percebe? Quer dizer, o fato hoje de eu só gravar em dois canais com orquestras, microfonando o teatro, pendurando microfones pelo teatro inteiro foram coisas que eu aprendi. Então o fato de eu experimentar colocando microfones é uma maneira, também, de experimentação, porque eu que não sou engenheiro de som, eu que não tenho formação nesse assunto, correr o risco de produzir a gravação acusticamente de um disco que eu estou financiando com uma orquestra; torcendo pra dar

certo, se não o Manfred não aceita. É o risco que eu posso correr hoje. O fato de eu querer fazer discos e dar para as pessoas como agradecimento, é um risco que eu posso correr hoje que não podia correr há trinta anos, está entendendo? Eu acho que o espaço pra risco... eu diria assim, o espaço pra você experimentar a sua vida é menor ou é maior? Hoje é muito maior. Eu acho que a cada livro que a gente lê, cada amigo que a gente ganha, cada casamento, namoro, é uma janela nova, cada filho que tem. É janela. Se o número de janelas aumenta, a possibilidade de experimentar é muito maior, não é?

Qual a leitura do *Academia de danças* que você tem hoje?
Eu tenho, na minha vida, uns quatro ou cinco momentos-chave. Um deles é aquela história que eu te falei do meu tio, que resolveu ser o compositor oficial da cidade. Isso pra mim é definitivo e me dá coragem de acreditar que tudo pode, ponto. Outros momentos que aconteceram: encontrar o Naná em Paris através do Zózimo Bulbul ator, no La Coupole, que é um restaurante da França que eu procurei pra dar uma respirada, porque eu estava com medo de ir sozinho pra Oslo e eu nem sabia onde é que era, quando eu fui convidado a gravar um disco para SM Records. Parei em Paris e o Zózimo disse assim: "você já encontrou o Naná?" Eu digo: "na realidade, eu vi o Naná uma vez na vida, na casa do Luizinho Eça". Aí o Naná foi na casa do Zózimo à noite fazer uma galinha à cabidela. E a gente conversou e eu disse pra ele assim: "quer gravar um disco comigo, Naná?" Ele disse: "qual disco?" Eu digo: "é um disco que vão ser dois curumins andando, assim, pela floresta. Aí tem um lugar que está muito úmido, outro lugar está mais não sei o quê, está chovendo, depois para a chuva". "Genial essa ideia!" Eu disse assim: "vamos ensaiar então?" Ele disse: "não dá mais tempo". Eu digo: "porque

não dá mais tempo?" "Ou você já aprendeu isso e eu também, ou a gente não vai aprender isso em vinte e quatro horas, nem morto!" E fizemos *Dança das Cabeças*. Bom, estou te contando logo dois troços que são bacanas e tal. Esse disco me ensinou, pelo veredicto dado pelo superintendente da companhia, que nenhum julgamento é o definitivo, ou é o mais apropriado. Não é de superintendente, é de qualquer pessoa, incluindo o meu próprio julgamento, que vai mudando. Me deu o direito a perder totalmente as rédeas, sabe como é, da minha vida e deixar que a vida me leve. Deixa a vida me levar. Evidentemente sempre me preparando para o próximo passo. Quer dizer, hoje se tiver um lugar muito escuro, eu vou ter uma lanterna. Se tiver um lugar muito úmido, eu vou ter um sapato, um tênis e assim por diante. Esse disco me ensinou isso e me ensinou que numa panela dá pra colocar quibe com macarrão, sabe, que é a minha cultura, que vem do meu pai e da minha mãe. Dá pra misturar a coisa aristocrática do piano com a serenata do violão, passando pelas tribos brasileiras pelas quais tenho amizade e compreensão. E tal é a benevolência da amizade dos chefes aí. Dá pra entrar em teatros, dá pra ter relação com grupos de rock, de não sei o que, de samba e pagode, músicos internacionais de todo tipo. Ou seja, a vida será tão boa, quanto mais respeitoso eu seja com a música. E pra terminar esse raciocínio eu recorro a um negócio, um fato que aconteceu com a minha filha, que passou a ser definitivo na minha vida. Coisa definitiva. Começou meio por aí, até porque ela ouviu muito isso, também. Um belo dia a minha filha e meu filho, que ficaram morando comigo depois da separação, me pedem — ela tinha dez pra onze e ele onze pra doze —, disseram pra mim que queriam um disco da Madonna. Isso foi treze anos atrás. E eu não cheguei a ficar danado da vida, porque eu queria que eles se sentissem bem. Ah, mas eu não tinha nenhuma relação com

Madonna. Comprei o disco. Quinze, vinte dias depois, ela pediu mais um e depois pediu um *book* de fotos. Eu disse: "puxa vida, nessa altura da vida é porque eu estou com tanto medo de ficar com meus filhos, tomando conta dos meus filhos, sozinho". E um belo dia eu abro a porta do quarto dela, ela está sentada ouvindo Madonna, olhando o livro e feliz. E eu vejo aquilo e fico feliz pra burro e descubro que eu estava feliz porque ela estava feliz ouvindo o que ela estava ouvindo. E a partir desse momento eu descobri que só tem duas músicas na minha vida, duas. Começou aqui com essa mistura, que hoje está claro. Uma é a música que eu preciso pra viver e a outra é a que momentaneamente eu não preciso, pronto. Esse disco é o estopim do que me levou hoje a ser amigo de A a Z do cenário musical inteiro, porque eu aprendi, a última caçambada veio da minha filha com Madonna dizendo assim: deixa de ser burro, você está feliz, no fundo é isso que você precisa. Pronto.

Academia de Danças é um disco que não gosta muito de prateleiras, de categorizações. Ele está na mão de qualquer um, é jazz, mas ele é rock, ele é Brasil, mas ele é erudito, ele pertence a todos os universos...
Bacana isso.

É uma amarração de tudo isso, de uma forma extraordinária, porque você sabe que roqueiro também tem os seus dogmas. Eu vi isso na mão de gente com o disco do Iron Maiden. Já mais velha... "Ah, não, o Egberto pertence a nossa tribo..." Eu achei isso incrível... como é que pode uma música falar com todo mundo ao mesmo tempo? Depois de tantos dogmas que a gente identificou da área erudita ao sei lá, área pop. Todos têm seus dogmas...

Têm...

Você se apresenta pouco no Brasil, por quê?
Não é pouco, eu diria que eu continuo me apresentando como eu me apresentava no Brasil. Só que hoje em dia eu tenho um compromisso, pra ser preciso, de estar pelo menos pra uma apresentação em vinte e sete países todos os anos. Quando a coisa pega fogo, chega a 35, 34. E o que que significa isso? Não significa que eu moro fora do Brasil, não, eu viajo muito. Eu também não passo mais que quinze, vinte dias fora, mas nem amarrado. Com corda nenhuma, eu vou e volto o tempo todo. Então, hoje em dia é assim quando eu chego na França eles dizem assim: "você está tocando menos na França agora?" Eu disse: "não, eu estou tocando mais, por exemplo, na Coreia do Sul", que eu não tocava. Estou tocando muito em Singapura. Estou tocando muito, não é só em Tóquio, eu toco em nove cidades no Japão, inclusive, com a Filarmônica de Tóquio. Então isso ocupa espaço. E como eu estou trabalhando com orquestra, não é mais chega, faz aquela entrevista besta, checa e toca, no dia seguinte vai embora. Chega, passa três quatro dias, que tem que ensaiar, tem que conhecer a orquestra. E pra mandar pra orquestra tem que escrever, compor, não sei o quê. Então eu diria o seguinte: ano passado, por exemplo, eu fiz um total de 53 apresentações, dos quais treze com orquestra. Então me sobraram aí umas quarenta e tal, onde eu toquei muito pelo Brasil. No ano passado eu cheguei a tocar numa boleia de caminhão na Ilha de Marajó. A minha amiga pajé me chamou e disse assim: "o senhor tem que tocar lá na ilha". Aquela beleza, lá, eu digo: "pois não, a hora que quiser". "Ah, então o senhor vai na época tal, porque eu tenho a minha ONG". Ela tem uma ONG que cuida de quase trezentas crianças. Aí eu cheguei lá disse assim: "que beleza! Então onde

é que eu vou tocar?" "É que a gente não tem, assim, um lugar muito bom, não". "Mas qualquer lugar! Onde é que é o lugar?" O melhor lugar foi um caminhão que parou numa espécie de uma praça. Não é nem praça aquilo, é perto de um cais que eles têm. Aí abriu a carroceria, ali. Eu disse assim: "mas tem algum piano aí?". "Ah, piano a gente não tem, não". Disse: "então, não tem problema..." aí alguém disse assim: "tem um piano elétrico". Lembra que o fulano tem um piano elétrico? Era um wurlitzer. Sabe um wurlitzer? Eu tenho um até hoje. E disse assim: "bom, nesse wurlitzer eu tenho que tocar só um terço do meu repertório, porque não cabe". Que o wurlitzer é muito bacana, mas miudinho. Eu disse: "tem também um amplificador pra tocar um violão, uma coisa assim?" "Ah, tem". Aí trouxeram dois amplificadores Gianninizinho, assim. Eu peguei o microfone... Foi uma beleza. Eu toco em tudo quanto é canto. Eu só não toco mais porque eu não saio de casa pelo acordo comercial. Às vezes, saio, quando eu faço vinte shows pela amizade, o vigésimo primeiro se prepara que lá vem chumbo grosso pra eles, porque ele vai pagar pelos vinte passados. Mas eu não faço mais, porque eu estou fazendo o que dá pra fazer.

Então vamos reformular isso aqui. Nas capitais, talvez, aqui do Centro Oeste, vocês já tocaram muito. Os teatros não estão em boas condições?
Não, ano passado por exemplo, eu toquei uma vez na Sala Cecília Meirelles com orquestra e um dia no Theatro Municipal. Eu acho que está bom. Dois teatros no Rio de Janeiro com sinfônica. Que não é só o fato de tocar nesses lugares com sinfônica que é bom. É conseguir que a Prefeitura entre em acordo com a Federação e com o governador e assim por diante... Você sabe que o Theatro Municipal tem 136 mandantes, não é? E assim por diante.

Bom, para botar uma orquestra ensaiando é preciso ter uma conversa que não é brincadeira. Como eu tenho tocado muito com orquestra, o número de apresentações é menor. Em Belo Horizonte eu fiz dois dias no Palácio das Artes com orquestra e três dias num teatrinho que tem no parque do lado, gratuito, que eu quis fazer. Eu digo: "ó, tem que ter três dias". Vamos fazer no Palácio, a gente cobra vinte reais, aqui está muito caro. É zero real, ali do lado. Então eu toco muito assim, também. Vou e toco e pronto.

Não sente falta de banda?
Sinto, sinto, mas o que acontece é que do jeito que a música que eu estou tocando hoje e gosto, vai precisar que neguinho abra mão de uma série de coisas, porque primeiro: eu não uso monitor nenhum há anos, mesmo tocando com orquestras. Zero de monitor, zero. Até porque me ensinaram que amplificar violão com orquestra é a coisa mais genial do mundo, a lição que me deram. Imagina que público, palco, concha acústica do teatro. Concha acústica está aqui. Caixas ativas, viradas para a concha acústica, plugadas no microfone, que você toca e eu toco na frente da orquestra. O som bate na concha, sai por cima da orquestra, junto com ela, serve de monitor pra orquestra e amplificação pro público, e ninguém vai ouvir meu violão tocando aqui e a orquestra aqui no meio, é tudo junto. Como eu não uso monitoração nenhuma, eu não posso tocar com músico e monitoração ligada do lado, senão eu não consigo tocar. Infelizmente. Quando pega músicos assim, tipo Jacquinho [Jacques Morelembaum], não sei quem, esse povo que não usa monitor, também, dá pra tocar dias sem parar. Agora, entrou negócio de monitor... Naná, eu toquei com ele esses dias lá em Olinda dentro da igreja. Eu disse: "Naná, monitor..." Ele disse

assim: "Eu já sei, por isso que eu trouxe esse meu fonezinho aqui, ó". É genial, porque aí o cara bota o fone, eu não preciso ouvir. O meu problema não é o monitor do outro, é o som do outro.

Claro, claro, interferência.
Mas pode ser que apareça uma banda aí, eu não sei, não. Eu andei fazendo uns duetos, uns trios, mas sempre bati no negócio de monitoração... ○

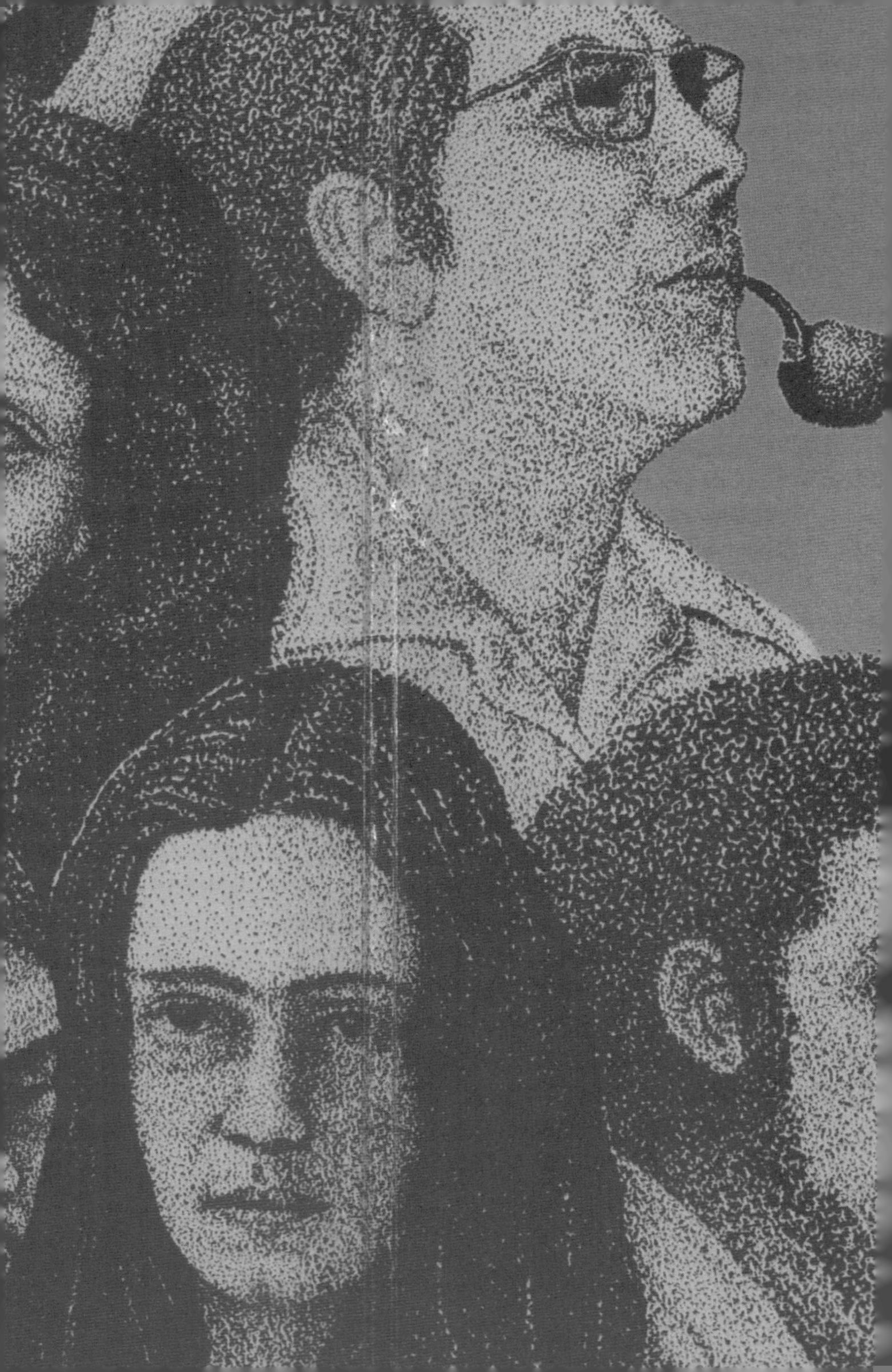

Geraldo Carneiro

Como conheceu o Egberto? Já conhecia a obra, o conhecia pessoalmente?
Conheci o Egberto, recém-chegado ao Rio, se não me engano, 1969. E nos tornamos parceiros em 1972 Ele me encomendou uma letra para uma canção dele, "Água e vinho", deu nome a um disco dele chamado *Água e vinho*. E fizemos desde então muitas músicas juntos, fizemos umas 50 canções juntos. E não apenas fizemos músicas juntos como ele me encarregou de produzir alguns discos dele. Então produzi o *Água e Vinho*, depois produzi um disco sem titulo que ficou conhecido como "Disco da árvore" e o terceiro disco dele e, último disco que eu produzi, foi esse *Academia de Danças*. Então quer dizer, são discos dos quais eu sou muito íntimo. Não apenas escrevi as letras como também participei da produção, fui o produtor executivo desses discos.

Por que você foi o produtor? Ele te convidou? Como foi?
Eu tinha sido músico até os dezoito anos. Tinha uma certa sensibilidade musical, ele achava que eu era bom ouvinte de música e que eu teria condições de ficar dentro da cabine e

dizer para ele: "olha, essa versão está melhor que aquela, essa interpretação está boa, essa interpretação está superior, essa está inferior". Enfim, ele me nomeou para ser o produtor, ele achou que eu seria bom produtor e talvez até eu fosse mesmo um bom produtor, ter um bom ouvido, ter uma boa formação musical. Foi curioso quando nós nos conhecemos, porque até então eu compunha músicas também e ele compunha letras. Então nós costumamos dizer que no dia em que nós nos conhecemos foi um dia muito importante para a música popular brasileira, não pelo que nós tenhamos feito, mas pelo que nós deixamos de fazer. Porque ele era um letrista muito medíocre e eu era um compositor pior ainda, então ele parou de fazer as letras horríveis dele e eu parei de fazer as minhas musiquinhas e cada um se dedicou a fazer o que sabia.

Qual o envolvimento do seu irmão Nando nessa parceria com o Egberto?
Nenhum envolvimento a princípio. Nando, apesar de ser um ano só mais novo que eu, era quase uma geração antes de mim, são aqueles "hiatos" que às vezes se transformam em abismos. E o Nando só começou a se interessar um pouco mais por música, curiosamente, quando eu abandonei a música. O Nando fez um grupo, esse grupo se ligou a Egberto Gismonti e o primeiro disco desse grupo foi produzido pelo Egberto, chamado *A barca do sol*. O grupo também se chamava A barca do sol. Aí o Nando passou a ser muito ligado ao Egberto e posteriormente o Nando se tornou um dos músicos mais frequentes nas turnês do Egberto, se tornou muito ligado a Egberto. Mas nesse primeiro momento eles não tinham relação nenhuma, a não ser relação familiar, ele visitava muito a casa dos nossos pais, éramos todos amigos dele. Mas primeiro eu tive essa relação de letrista e produtor, depois o

Nando fez um grupo que se ligou a ele e mais tarde ainda, cinco, dez anos depois, o Nando se tornou músico da banda do Egberto. Mas foram coisas que a gente fala delas todas assim ao mesmo tempo fica parecendo que é tudo uma simultaneidade, quando na verdade você tem atos espaçados no tempo.

Qual foi a primeira música que você e Egberto fizeram?
Foi a música "Água e Vinho", que deu nome ao primeiro disco dele que produzi, que era, na verdade, o terceiro disco dele e é uma canção muito triste... O Tom Jobim adorava essa música, engraçado, e chama-se "Água e vinho". Aí fizemos uma série nesse primeiro disco, o primeiro disco tinha seis canções nossas. Foi o primeiro disco que eu produzi por incitação e por convite dele.

E como foi concebida ACADEMIA DE DANÇAS?
Olha, ele tinha uma suíte instrumental muito bonita e tinha uma série de canções esparsas e nós fomos então. Eu não sei porque eu sugeri esse título, *Academia de Danças*. Talvez por não haver, a palavra começou a ganhar menos sentindo na música dele, a música dele foi se tornando cada vez mais instrumental, porque é o lado em que ele é mais esplendoroso, mais brilhante. Então a primeira parte do *Academia de Danças* é toda uma suíte instrumental e me lembro que a medida em que ele ia gravando essas canções, eu estava folheando o livro das *Mil e Uma Noites* e surgiam frases e nós usamos essas frases como títulos dessas canções desse lado. No outro lado, não, você tinha um lado, tinha um lado B, se não me engano, um pouco mais convencional com uma série de canções. Mas foi surgindo um pouco... as coisas surgiam... A gente fazia uns projetos um pouco abstratos e curiosamente, o resultado final — porque de modo geral você

conta essas historias assim —, o resultado final transformou tudo, nós fazíamos uns projetos abstratos e realizados exatamente como nós pensávamos, era uma coisa muito curiosa. O *Água e vinho*, por exemplo, eu me lembro que nós planejamos em Teresópolis e fizemos a lista das músicas na ordem que as músicas deveriam constar no disco e curiosamente só trocamos uma música de lugar, quer dizer, um negócio de uma maluquice total. São maluquices assim, coisas originais que acontecem nesse processo, só que de modo geral sempre vi fazer disco, depois disso você faz... Você vai gravando a música ao acaso e depois você reúne de uma maneira que te pareça harmônica. Mas nós tínhamos a mania de pensar no projeto com uma totalidade e tentar realizar esse projeto com essa totalidade.

De onde veio esse título, Academia de Danças?
Não sei te explicar. Talvez pelo fato de que a palavra tinha... Tinha menos palavras no disco, a música se tornou um pouco próxima do rock. Pela primeira vez o Egberto se aproximou muito do rock e assim, a primeira face do disco é uma face *rockada*, roqueira assim. Então eu acho que por isso, por analogia a esse, a essa batida que era próxima da dança, a gente achou...eu me lembro de ter sugerido esse título que remetia a dança.

E Corações Futuristas?
Corações Futuristas também é um titulo estranhíssimo, porque é o nome de um bloco pernambucano. Só que eu acho um título tão maluco, tão interessante, tão bonito assim, tão evocativo, porque o Futurismo foi aquela escola...foi o movimento modernista italiano mais radical, que tinha como ponta de lança o Marinetti. Foi fundamental, foi no Futurismo italiano que o Modernismo brasileiro se espelhou. Mário de Andrade era

fã de Marinetti, todo mundo era fã de Marinetti. E Marinetti estranhamente teve uma influência, virou sinônimo de coisa nova. Tem, por exemplo, no Recife — eu conheço pouquíssimo de Recife, provavelmente essa história que vou te contar será refutada por recifólogos eminentes. Mas o Marinetti se tornou de tal maneira sinônimo de coisa nova, que havia lá um ônibus novo no Recife, no final dos anos 1910, inicio dos anos 1920, que se chamava Marinetti e pegar essa condução, esse ônibus chamava-se "pungar no Marineti". E segundo os linguistas, o Marinetti era uma homenagem. Coisa curiosa, um poeta erudito virar uma coisa tão popular num país do outro lado do mundo, do outro lado do oceano, não é? Então, esse nome "Corações futuristas" para mim evocava, primeiro essa palavra tão romântica, a palavra coração cortejada com uma outra palavra absolutamente maluca, contemporânea. Eu achava essa justaposição, "Corações Futuristas", um negócio sensacional. Foi um título que só queria expressar uma contradição, uma espécie de um oxímoro, assim, uma contradição entre o que havia de mais tradicional e o que havia de mais moderno.

Bom, voltando ao Academia de Danças, quanto tempo vocês demoraram para fazer esse disco?
Acho que demoramos um bom tempo, pelo menos uns 40, 50 dias. O processo era demorado, as gravações eram muito sofisticadas, o nível de exigência era grande. O Egberto é muito exigente, eu era um produtor também muito exigente. Houve um processo de ensaios também longo, me lembro, havia uma banda base, se não me engano era formada pelo próprio Egberto, naturalmente, Robertinho Silva e Luís Alves. Robertinho Silva na bateria, e Luís Alves no baixo e Tenório Junior, Francisco Tenório Junior, o mesmo que depois desapareceria em

circunstâncias misteriosas tocando com Vinícius de Moraes em Buenos Aires. E teria desaparecido para sempre, até tem um cineasta espanhol importante, Fernando Trueba, fazendo um filme sobre o desaparecimento do Tenório em Buenos Aires. Então essa bandinha básica ensaiou essa suíte, essa suíte rock'n roll e com algumas adesões de outros músicos, gravou esse disco. Mas foi um processo lento, porque foi um processo muito sofisticado musicalmente.

Você tocou um instrumento?
Eu toquei um instrumento. Como é que você sabe disso? Ninguém sabe disso! Eu não era mais músico, eu já era escritor, mas eu tocava ainda, eu toco ainda um pouquinho de violão, tocava ainda um pianinho que eu não toco mais. E um dia, talvez porque o Tenório não tenha ido, porque o Tenório tinha um *touché* pianístico, assim, extraordinário. Então era um belíssimo pianista. O Egberto foi fazer um solo de alguma coisa, que eu não sei se era de piano ou de violão e eu fiz uma base, engraçado, fiz uma base muito despretensiosa, porque uma basezinha de blues assim, aquelas sétimas de blues assim e então toquei, acho que toquei pela última vez assim em um disco, no *Academia de Danças*.

Não quer tocar um pouquinho para gente não?
Ah, eu não toco mais nada, não.

Esta pergunta é do Tárik de Souza. Você letrou as músicas já prontas, você até já falou um pouco disso, ou houve uma parceria etapa por etapa de cada música do disco?
Eu letrei, que me lembre... Nessa primeira suíte que constitui o lado A do disco, tem se não me engano apenas uma canção que é um rockinho com um poema que eu tinha escrito e ele musicou. E

no lado B, as canções mais complicadas eu letrei. A nossa prática, minha e do Egberto, é eu letrar, quase sempre eu escrevo sobre a melodia, que com cada compositor isso varia. Com Francis Hime, por exemplo, em geral eu dou a letra, dou o poema e ele faz a melodia. Mas com o Egberto, em 95% dos casos eu escrevo em cima da melodia e, por acaso, nesse disco tem uma exceção, que é um frevinho que diz assim: "Pular a bandeira, pular a bandeira bordada..." Não sei se está nesse disco, estou lembrando assim um pouco caoticamente, confesso a você que não ouço esse disco há uns vinte anos e, mas eu acho que tem lá um frevinho *rockado* que foi musicado por ele. E as canções mais complicadas eu escrevi a letra em cima da música.

O tema já pronto?
Tudo já pronto.

O sucesso desse disco surpreendeu você ou Egberto?
Olha, o sucesso é uma coisa relativa, não é? Quer dizer, o sucesso de estima, os franceses têm uma expressão que é o sucesso de estima. Quer dizer, nós fizemos sempre sucesso de estima, havia sempre um grupo de pessoas interessadas no trabalho da gente, mas sucesso popular, assim, quer dizer, essas canções nunca tocaram no rádio. Curiosamente agora houve um grande sucesso, duas canções aqui fizeram sucesso popular incrível e eu ganhei direitos autorais astronômicos por duas canções desse disco, os maiores que ganhei em toda a minha vida, porque o Yo-Yo Ma, aquele violoncelista, gravou duas dessas canções. Então não era um sucesso assim popular estrondoso, era um sucesso para aquele nicho de música, enfim, de música sofisticada. Naquela fronteira entre o rock e o erudito era um sucesso razoável. Te confesso que não me deu a impressão assim

exatamente de sucesso, não. Havia as pessoas inteligentes, as pessoas refinadas mencionavam com grande prazer, o disco, amigos de sensibilidade. Mas não foi exatamente um sucesso, como foi, por exemplo, um disco dos Titãs, não, absolutamente não havia isso.

Esse disco a gente, o grupo gestor desse projeto, acha que é o melhor e está na lista de muita gente como o melhor disco do Egberto, o Academia de Danças.
É mesmo? Mas ele tem tanto disco bom...

Está na lista, eu acho que dos trinta discos melhores do Brasil.
É mesmo?

De vários críticos.
Que bacana! Mas eu não sabia disso, não! Isso é muito maluco, você faz um negócio...

E trinta anos depois...
Teve um negócio, por exemplo, um Festival dos Festivais que a TV Globo fez, até eu era comentarista. Aí chamaram uns dez comentaristas para dizer o que achavam em tal fase. Aí quando eu fui comentar, fui ver a lista... Tomei um susto, rapaz, que tinha uma música minha, tinha uma música minha e do Egberto lá, o "Palhaço", estava lá a música. Que você faz o negócio e você não tem a menor ideia do que o negócio tem. Você faz ali e você acha bonitinho, a sua prima acha bonitinho e não sei o quê, o negócio morre ali, você não percebe que quando você tem um grande sucesso popular, sim, aí você até tem a dimensão do que pode vir a ter. Então, isso que você está falando para mim é uma surpresa maravilhosa! Não sabia disso.

É, muitos acham que esse é o melhor disco do Egberto!
Que bacana! Pô, só isso! Ele tem mais de cinquenta discos e tem pelo menos umas seis obras-primas. Ele tem o *Danças das Cabeças* que é obra-prima, ele tem muito disco que é obra-prima.

Esse é um disco típico do final de 1960 para 1970?
Ah, sem dúvida!

Da confluência do MPB, jazz...
Sem dúvida! Há aí uma multiplicidade. Você vê esse clássico que estou te falando do Egberto, lindíssimo, que aliás ganhou todos os prêmios do mundo, na época. Tem trinta anos se não me engano, que é o *Danças das cabeças*. Aí já é um disco de... você entra naquele rótulo da revista *DownBeat*, eu não sei como é o rótulo, mas é *jazz fusion* não sei o quê, é alguma coisa. Então você já tem um rótulo. Nesse momento ainda havia uma...isso que você chamou de confluência, havia uma multiplicidade que fazia com que diversos gêneros e até mesmo o texto falado, a poesia, o texto impresso, o texto dito, cantado, uma certa preocupação com a plasticidade, com a visualidade. Quer dizer, então havia muitas... muitas forças convergindo para fazer desse disco alguma coisa interessante, assim, havia essa multiplicidade. O que talvez explique esse interesse posterior, que eu estou até perplexo com isso. Eu não sabia, você está me falando, eu não sabia mesmo. Agora estou sabendo.

Tanto é que a gente está aqui falando dele.
Ah, eu não sabia disso. Que bom!

Falando da capa, vocês participaram dessa criação?
Participamos! Essa capa foi feita por um amigo nosso que é um

artista, que na época se chamava, essa tendência se chamava hiperrealismo. E ele era especialista em aerógrafo, uma bombinha de tinta, e ele era craque em aerógrafo, ele faz e até hoje, é um belo pintor. Embora o nome dele não seja tão propalado quanto devia ser, chama-se Luiz Carlos Lindenberg, Lula Lindenberg para os íntimos. Então, primeiro queríamos que fosse uma capa dupla e o Lula já tinha realizado para nós as duas primeiras capas do A barca do sol e então realizou essa capa que eu acho muito bonita, que o cabelo do Egberto se confunde com as estrelas aqui em cima. E aqui dentro o comitê central, né, quer dizer, as pessoas que participaram mais diretamente do disco.

Quem é o pessoal?
São Danilo Caymmi que tocou algumas flautas, Peter Dauelsberg, violoncelista, o próprio Lula Lindenberg aqui, o capista, Dulce Nunes (Dulce Gismonti, na época), o próprio Egberto, Mário Tavares, o maestro que regeu. Não a Dulce está aqui, esse aqui sou eu, eu confundi! Esse sou eu, a Dulce é essa aqui. Tuninho que é o técnico de gravação, Paulo Guimarães, flautista, Luís Alves. Aqui é o trio base, Luís Alves, Robertinho Silva e Francisco Tenório Junior.

Então como você vê hoje, Geraldinho, para terminar, esse disco? Trinta anos...
Eu confesso a você que eu tinha uma simpatia imensa, sobretudo por essa presença do rock mesclada com canções. Então eu achava que tinha um hibridismo interessante, uma complexidade interessante, mas eu confesso a você que eu não tenho, não consigo ter um distanciamento crítico. Eu já gostava muito do disco, ouvia com simpatia, achava interessantíssimo, mas confesso a você que não saberia fazer uma avaliação. Talvez seja o que mais

me agrada. Engraçado, talvez seja o que mais me agrada, dessa série que eu acompanhei mais de perto, eu apontaria outros, mas de outras fases de que eu não participei do Egberto, outros discos extraordinários, por exemplo, o disco dele sobre Villa Lobos é extraordinário, o disco *Dança das Cabeças* é extraordinário, mas dessa série de que eu participei que foram três discos e meio. Acabei participando um pouco do seguinte, que foi o *Corações Futuristas*. Já participei menos, já não era mais o produtor, enfim, eu participei pouco. Desses que eu participei talvez seja o meu favorito realmente. Eu tenho uma boa impressão. Eu acho que tem um... essa coisa dessa bandinha de rock, rock brasileiro, resultou muito interessante, as canções têm um lirismo muito bacana. Então realmente... Mas eu não tenho distância crítica para isso não, estou muito surpreso com essa sua revelação e vou começar a olhar o disco com outros olhos. Eu não imaginava que ele tivesse essa graça toda, que me pareceu na época que tinha uma graça, sim, mas a gente, como eu te disse, a gente vive confinado no mundo da gente. É muito difícil imaginar como é que será o olhar do grande mundo que está do lado de fora. ◉

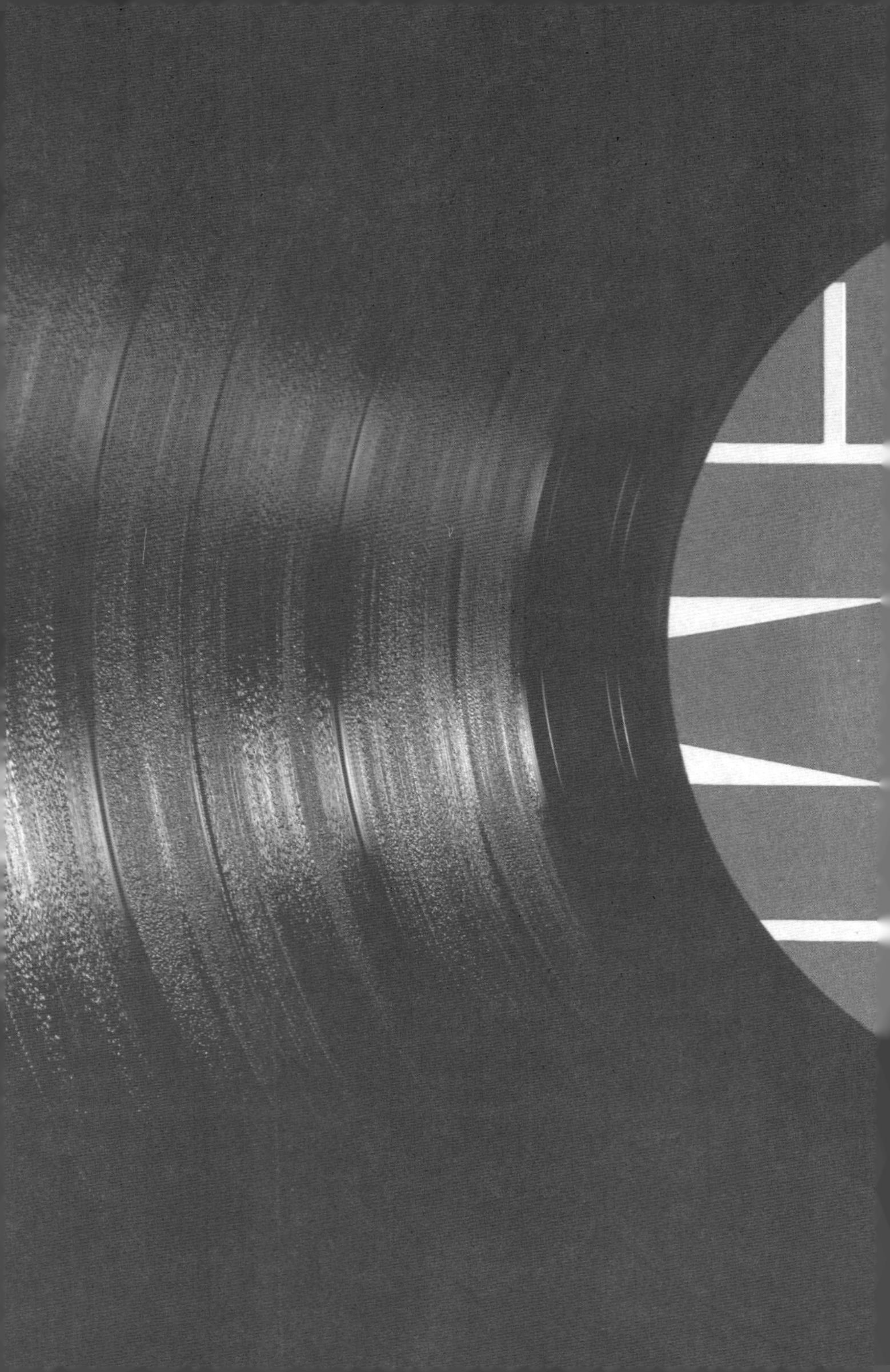

Lado 2
ESTEREO

EMI

ACADEMIA DE DANÇAS
EGBERTO GISMONTI

1 - BÔDAS DE PRATA
   (Egberto Gismonti-Geraldo Carneiro) 9:22
2 - QUATRO CANTOS (Egberto Gismonti-Geraldo Carneiro)
3 - VILA RICA 1720 (Egberto Gismonti-Geraldo Carneiro) 1:55
4 - CONTINUIDADE DOS PARQUES (Egberto Gismonti) 3:00
5 - CONFORME A ALTURA DO SOL (Egberto Gismonti) 4:40
6 - CONFORME A ALTURA DA LUA (Egberto Gismonti)

℗ 1974 - ODEON - BRASIL

SBRXLD-12.700
XEMCB-7008

Indústrias Elétricas e Musicais Fábrica Odeon S. A., R. Odeon, 150 - São Bernardo do Campo - São Paulo - Brasil - C. G. C. N.º 33.249.640/4 - S. C. D. P. - P. F. 002/G. B. - Todos os direitos do produtor fonográfico e do proprietário da obra gravada são reservados.
A reprodução, a execução pública e rádiodifusão deste disco estão proibidas.
Indústria Brasileira

© Charles Gavin, Canal Brasil; © Desta edição, Ímã Editorial

Direção geral Charles Gavin
Coordenação Luis Marcelo Mendes
Edição Julio Silveira
Projeto gráfico Tecnopop
Revisão Monica Ramalho
Fotos Thiago Barros
Transcrição Rosa Wippel

Agradecimentos especiais a
Paulo Mendonça • André Saddy • Carlinhos Wanderley
Catia Mattos • Canal Brasil • Darcy Burger • André Braga
Bravo Produções • Gabriela Gastal • Gabriela Figueiredo
Samba Filmes • Zunga • Yanê Montenegro
Oi • Secretaria de Cultura Governo do Rio de Janeiro

G534 Gismonti, Egberto, 1947—
Academia de danças (1974) : Egberto Gismonti : entrevistas a Charles Gavin / Entrevistas de Egberto Gismonti e Geraldo Carneiro a Charles Gavin. — Rio de Janeiro: Ímã Editorial | Livros de Criação, 2014.
112 p. : il. ; 21 cm. — (O som do vinil).

ISBN 978-85-64528-63-5

1. Música popular — Brasil — História. 2. Músicos— Entrevista. I. Gavin, Charles, 1960 —. II. Título.

CDD 782.421640981
CDU 784.4(81)

Produzido no Rio de Janeiro em 2014, 40º aniversário de *Academia de Danças*. O projeto empregou as tipologias FreighText e FreightSans.

Ímã Editorial | Livros de Criação
www.imaeditorial.com